KARMA & DHARMA

Annie Besant

Annie Besant

KARMA & DHARMA

Tradução:
Edvaldo Batista de Souza

EDITORA TEOSÓFICA

Direitos Reservados à
EDITORA TEOSÓFICA
Sig Sul Qd. 6 Lt. 1.235
70.610-460 – Brasília-DF – Brasil
Tel.: (61) 98613-4909
E-mail: editorateosofica@editorateosofica.com.br
Site: www.editorateosofica.com.br
Instagram: @editorateosofica

B554   Besant, Annie. (1847-1933)

Karma e Dharma / Annie Besant
Tradução, Edvaldo Batista de Souza.- 3ª.ed. - Brasília:
Editora Teosófica, 2024.
144p.;

ISBN: 978-85-7922-128-6

I. Teosofia
II. Título

CDU 141.332

Revisores: Solimeire de Oliveira Schilling
             Walter Barbosa
Diagramação: Helkton Gomes - Fone (61) 8485-2561
             helkton@hotmail.com
Capa: Marcelo Ramos (61) 3797-7755
Impressão: Gráfika Papel e Cores (61) 3344-3101
             E-mail: comercial@grafikapapelecores.com.br

SUMÁRIO

Prefácio da Editora 7
Prefácio da Autora 15

KARMA
Introdução 19
   A Invariabilidade da Lei 20
   Os Planos da Natureza 21
   A Geração das Formas-Pensamento 24
   A Atividade das Formas-Pensamento 28
A Criação do *Karma* em Princípio 33
A Criação do *Karma* em Detalhe 41
A Atuação do *Karma* 51
Enfrentando os Resultados *Kármicos* 61
Construindo o Futuro 64
Moldando o *Karma* 66
A Cessação do *Karma* 72
O *Karma* Coletivo 77
Conclusão 82

DHARMA
Diferenças 85
Evolução 101
Certo e Errado 123

PREFÁCIO DA EDITORA

A palavra *karma* já faz parte das novelas, mas o conhecimento popular sobre seu significado ainda é muito superficial. Dizia a autora: "Poucas coisas, talvez, são tão perigosas como um pequeno conhecimento da Lei do *Karma*. E infelizmente muitos de nós paramos no ponto do pequeno conhecimento."[1]

A Editora Teosófica, para o tão necessário aprofundamento do tema, publica conjuntamente duas obras clássicas de Annie Besant, a saber *Karma* e *Dharma*, sendo a última uma transcrição de três palestras proferidas na Oitava Convenção Anual da Seção Indiana da Sociedade Teosófica, ocorrida em Varanasi (Benares), em 25, 26 e 27 de outubro de 1898.

Nesta obra a autora nos mostra como não somente a ação, mas também o pensamento gera *karma*, sendo na verdade a causa determinante do nosso destino, como dizia o Senhor Buda já no início do *Dhammapada*:

> Todas as coisas são precedidas pela mente, guiadas pela mente e criadas pela mente. Tudo o que somos hoje é o resultado do que temos pensado. O que pensamos hoje é o que seremos amanhã: nossa vida é uma criação de nossa mente. Se um homem fala ou age com uma mente impura, o sofrimento o acompanha tão de perto como a roda segue a pata do boi que puxa o carro... Se um homem fala ou age com a mente pura, a felicidade o acompanha como sua sombra inseparável.[2]

---

[1] BESANT, A. Vida Teosófica. In: *A Doutrina do Coração*. Brasília: Teosófica, 1991. p. 85.
[2] DHAMMAPADA. Trad. Georges da Silva. São Paulo: Pensamento, 1978. p. 19. [sl. 1 – 2]

Karma é uma palavra sânscrita que significa ação, mas subentende também a reação ou consequente efeito, ainda quando a reação não suceda imediatamente à ação, mas se apresente somente numa vida futura. Isso quer dizer que uma ação feita agora, nesta vida humana, cuja expectativa raramente cruza o curto período de noventa anos, poderá apresentar seu efeito somente numa outra vida da mesma alma imortal, revestida de um novo corpo. Portanto, *karma* costuma estar também associado à reencarnação, sendo assim filosoficamente difícil separar totalmente *karma* e reencarnação (*samsara*) nas antigas filosofias da Índia donde se originam, como também é o caso da palavra *dharma*.

Enfim, o *karma* pode levar tempo para amadurecer, como também considera o Senhor Buda no *Dhammapada*:

> Enquanto a má ação está verde, o perverso nela se satisfaz; mas uma vez amadurecida, ela lhe traz frutos amargos. O homem pode passar por sofrimentos enquanto suas boas ações não amadurecem. Mas, uma vez amadurecidas, seus frutos trazem felicidade.[3]

Na tradição cristã, a Lei do *Karma* se expressa principalmente na passagem bíblica associada à justiça divina: "Não vos enganeis; de Deus não se zomba: pois tudo que o homem semear, isso também ele colherá."[4] Entretanto, apesar do *karma* maduro (*prārabdha karma*) parecer um destino inevitável para esta vida, sendo aquela uma fração que amadureceu do total do *karma* acumulado de todas as vidas anteriores, ele ainda pode ser alterado com a adição do *karma* em formação (*kriyamana karma*) que representa nossa margem de livre-arbítrio (como ela desenvolve e

---

[3] DHAMMAPADA. Trad. Georges da Silva. São Paulo: Pensamento, 1978. p. 31-32. [sl. 119 – 120]
[4] *Gálatas* VI: 7.

contextualiza em sua magnífica obra *A Sabedoria Antiga*[5], que recomenda-se ao leitor), como belamente ilustra a Dra. Besant numa analogia com a navegação publicada em *A Doutrina do Coração*:

> Vocês podem, algumas vezes, enganar o destino, quando não podem enfrentá-lo face a face. Quando navegando com ventos contrários, o navegante não pode mudar o vento, mas pode mudar a direção das velas. A direção do navio depende da relação das velas com o vento, e, por meio de um bordejo cuidadoso, pode-se quase que navegar contra um vento adverso, e com um pequeno trabalho a mais chegar ao porto desejado. Isto é uma parábola a respeito do *karma*. Se você não pode mudar sua sorte, mude a si mesmo, e encontre-a num ângulo diferente, você irá deslizando com sucesso onde o fracasso parecia inevitável. '*Yoga* é habilidade na ação', e esta é uma maneira pela qual o homem sábio governa seus astros ao invés de ser governado por eles. Nas coisas que são realmente inevitáveis, e nas quais você não pode mudar sua atitude, permaneça firme. Elas são muito poucas. Quando houver um destino tão poderoso que você possa apenas curvar-se ante ele, mesmo então aprenda com ele, e daquele destino você colherá um flor de sabedoria que talvez uma sina mais feliz não o permitiria colher. E assim em todas as ocasiões, nós descobrimos que podemos enfrentar e conquistar e, mesmo da derrota, podemos colher a flor da vitória.[6]

Dharma é também uma palavra sânscrita, porém menos conhecida em nossa cultura ocidental, estando associada à lei de evolução, embora tenha muitos significados: "dever, lei, direito, justiça, virtude, moralidade, religião, etc."[7] Dra. Besant, nesta obra, parece traduzir o temo num sentido mais técnico ou especí-

---

[5] BESANT, A. *A Sabedoria Antiga*. Brasília: Teosófica, 2003.
[6] BESANT, 1991, p. 87-88.
[7] MONIER-WILLIAMS, Sir Monier. *A Sanskrit-English Dictionary*. Delhi: Motilal Banarsidass Publishers, 1990. p. 510.

fico, definindo *dharma* como o estágio evolutivo ou "a natureza interna no ponto alcançado pela alma, e a lei de seu crescimento para o estágio seguinte"[8], ou seja, o estágio atual e a lei que rege o desenvolvimento para o estágio seguinte.

Outro ponto que parece muito importante salientar é que os quatro estágios evolutivos relacionados às castas na *Bhagavad-Gītā*[9] não devem ser considerados hereditários, mas relativos aos estágios de desenvolvimento individual de cada consciência, como enfatiza a autora nesta obra:

> Lembremos as sábias palavras de *Bhīshma* de que se as características de um *Bhāhmana* são encontradas em um *Shūdra* e não em um *Brāhmana*, então aquele *Bhāhmana* não é um *Bhāhmana* e aquele *Shūdra* não é um *Shūdra*. Em outras palavras, as características da natureza interior determinam o estágio do crescimento daquela alma e a identificam como pertencente a uma ou outra grande divisão natural.[10]

Platão também considerava que a alma sofria uma certa evolução alquímica ao passar pelos estágios simbólicos de ferro, bronze, prata e ouro, que se tratavam de estágios evolutivos da consciência individual, conforme enfatiza no livro III de *A República*: "A primeira e principal regra que a Divindade impõe aos magistrados: [...] de todas as coisas das quais devem ser bons guardiães, a nenhuma dediquem maior zelo que às combinações de metais de que estão compostas as almas das crianças"[11], ou seja, parece tomar sempre em consideração que o nível de maturidade espiritual ou estágio evolutivo de cada alma não é hereditá-

---

[8] *op. cit.*, p. 115.

[9] *BHAGAVAD-GITĀ*. Trad. Annie Besant. Brasília: Teosófica, 2014. p. 279 – 281. [XVIII: 41 – 45]

[10] *op. cit.*, p. 115.

[11] PLATÃO. *Diálogos III*: A República. Rio de Janeiro: Ediouro, 1996. p. 77. [§ 415b]

rio, mas totalmente individual. Isso fica bem evidente na citação de *Bhīshma* acima, e Platão também enfatizou similarmente que "embora a composição paterna seja geralmente conservada nos filhos, pode suceder que nasça um filho de prata de um pai de ouro, ou um filho de ouro de um pai de prata, e da mesma forma nas demais classes."[12]

Por isso, em nosso livro *A Tradição-Sabedoria*, se enfatiza:

> As inúmeras formas de dominação política e de classes sociais, a rigidez do sistema de castas na Índia, com os correspondentes maus tratos recebidos pelas castas consideradas inferiores, a manipulação nazista do conceito de evolução racial, entre outras superstições lamentáveis, são deformações essencialmente derivadas de uma má compreensão da lei de evolução, quando não de uma interpretação deliberadamente deformada, egoísta e interesseira desta lei da Natureza. Deveria, portanto, ser desnecessário enfatizar a enorme importância de uma clara compreensão desta lei que determina o próprio sentido da vida.[13]

Tudo parece indicar, entretanto, que é muito lenta a evolução humana. A partir de uma tradição oculta, referida por H.P. Blavatsky em *A Doutrina Secreta*[14] e também nas *Cartas dos Mahatmas a A.P. Sinnett*[15], se apresenta um número médio e simbólico de 777 reencarnações na condição humana, desde a individualização do reino animal até a iluminação na condição de homem perfeito, Adepto ou *Mahatma*. Dr. I.K. Taimni, em sua magnífica obra *Autocultura à Luz do Ocultismo*, apresenta um interessante comentário sobre tal simbolismo da evolução da consciência humana em progressão geométrica:

---

[12] PLATÃO. *Diálogos III:* A República. Rio de Janeiro: Ediouro, 1996. p. 77.[§ 415a – b]
[13] LINDEMANN, R. & OLIVEIRA, P. *A Tradição-Sabedoria.* Brasília: Teosófica, 2011. 5 ed. p. 117.
[14] BLAVATSKY, H.P. *A Doutrina Secreta.* São Paulo: Pensamento, 1980. v. 1, p. 211.
[15] CARTAS dos Mahatmas para A.P. Sinnett. Brasília: Teosófica, 2001. v. 1, p. 278. [Carta 66]

Diz-se que o número médio de vidas passadas na Terra entre a individualização e o atingimento do Adeptado é cerca de 777. Cerca de 700 destas são passadas na aquisição de experiências em condições de selvagem e semicivilizados, cerca de 70 obtendo experiências em condições civilizadas e aperfeiçoando da natureza moral, e as últimas 7 trilhando o Caminho [ou Senda Espiritual, N.E.] que conduz ao Adeptado.[16]

A partir dos números médios em progressão acima, especulou-se, conforme foi melhor desenvolvido e sustentado em nosso livro *A Tradição-Sabedoria*, com possíveis números médios para as reencarnações[17] na provável correspondência com estágios das almas de *A República* de Platão correlacionados aos estágios orientais como almas de ferro correspondentes ao estágio de *Shūdra*, almas de bronze ao de *Vaishya,* prata ao de *Kshattriya*, e ouro ao de *Brāhmana,* sendo que as últimas sete reencarnações na Senda Espiritual ou da Santidade corresponderiam ao ulterior estágio oriental de renunciante ou *Sannyāsi*, algo como uma alma de platina, se assim podemos criativamente estender a analogia comparativa.

Talvez a maneira mais prática de encontrar o estágio evolutivo de cada alma seja através da identificação de seu desejo dominante, onde acrescentamos entre colchetes a provável correspondência aos estágios acima na citação do mesmo livro do Dr. Taimni, como segue em ordem crescente de espiritualidade:

(1) Desejo de satisfação sensual [ferro]; (2) desejo de ajudar à própria família a viver confortável e decentemente [bronze]; (3)

---

[16] TAIMNI, I. K. *Autocultura*: à Luz do Ocultismo. Brasília: Teosófica, 2007. p. 116.
[17] Na proporção de 500; 200; 50; e 20; respectivamente. (LINDEMANN, R. & OLIVEIRA, P. *A Tradição-Sabedoria*. Brasília: Teosófica, 2011. [5 ed.] p. 114 – 130)

desejo de servir à pátria [prata]; (4) desejo de servir à humanidade [ouro]; (5) desejo de reunir a vontade pessoal à Vontade do Supremo [platina].[18]

Esta obra, porém, culmina no sutil discernimento entre o certo e o errado, onde Dra. Besant considera que "o certo e o errado que nos cabem são relativos e dependem muito do estágio de evolução que alcançamos."[19] Dr. Taimni também auxilia neste tema quando comenta:

> Pela palavra retidão [*dharma*, N.E.] não quero dizer um código de conduta baseado em qualquer religião ou ideologia, mas o hábito constante de praticar naturalmente, sem esforço ou luta, aquilo que consideramos certo tanto quanto possamos ver [...] Sempre que fazemos o que consideramos correto, sem levar em conta as consequências que possa acarretar-nos, purificamos um pouco a nossa mente e a luz de *buddhi* [intuição espiritual, N.E.] brilha um pouco mais através dela. Assim, se fortifica nossa faculdade discernidora e a capacidade de ver o correto, e a vontade de fazer o correto aumenta *pari passu* [...] Um roteiro de ação indicado pela sabedoria além de ser seguido invariavelmente pela ação certa, é isento de hesitação ou pesar, mesmo que no momento resulte em perda, desconforto ou sofrimento, por causa da plena certeza de reverter em nosso benefício, com o correr do tempo, aquilo que é correto.[20]

Também *Aos Pés do Mestre* nos inspira nesta importante questão:

> Entre o certo e o errado, o Ocultismo não admite acordo. A qualquer custo aparente, tens de fazer o que é certo, e não fazer o que

---
[18] TAIMNI, 2007, p. 70.
[19] *Op. cit.*, p. 119.
[20] TAIMNI, 2007, p. 149 - 150.

é errado, sem dar importância ao que o ignorante possa pensar ou dizer. Tu deves estudar profundamente as leis da Natureza, e quando as conheceres organiza a tua vida de acordo com elas, utilizando sempre a razão e o bom-senso.[21]

Agradecimentos são devidos a todos que de alguma forma contribuíram para esta edição conjunta destas duas joias que aprofundam a vasta obra da Dra. Annie Besant, iluminando nosso caminho pela vida.

Brasília, 10 de dezembro de 2016.

+ Ricardo Lindemann
Diretor da Editora Teosófica
Diretor Cultural e de Estudos
Sociedade Teosófica no Brasil

---

[21] KRISHNAMURTI, J. *Aos Pés do Mestre*. Brasília: Teosófica, 1999. p. 26 – 27. [§10]

PREFÁCIO DA AUTORA

São necessárias algumas poucas palavras ao apresentar este opúsculo ao mundo. Este é o quarto de uma série de manuais que têm por finalidade satisfazer a demanda do público por uma exposição simplificada dos ensinamentos teosóficos. Algumas pessoas reclamam que nossa literatura é ao mesmo tempo muito difícil, excessivamente técnica e bastante cara para o leitor comum. Esperamos que a série atual possa ser bem-sucedida em satisfazer essa exigência. A Teosofia não é apenas para os eruditos, mas para todos. Talvez, entre aqueles que nesses pequenos livros tenham o primeiro vislumbre dos ensinamentos teosóficos, possa haver uns poucos que serão levados por eles a penetrar mais profundamente sua filosofia, sua ciência e sua religião, encarando seus problemas mais difíceis com o zelo do estudante e o ardor do neófito.

Mas estes manuais não são escritos para o estudante ardente, a quem nenhuma dificuldade inicial consiga atemorizar. Eles são escritos para os homens e mulheres mergulhados na labuta diária do mundo, e buscam elucidar algumas das grandes verdades que tornam a vida mais fácil de ser conduzida e a morte mais simples de ser encarada. Escritos pelos servos dos Mestres, que são os Irmãos Mais Velhos de nossa raça, eles não podem ter outro objetivo senão servir ao nosso próximo.

KARMA

INTRODUÇÃO

Cada pensamento do homem, ao ser produzido, passa ao mundo interno e se torna uma entidade ativa associando-se – amalgamando-se, poderíamos dizer – com um elemental, isto é, com uma das forças semi-inteligentes dos reinos. Ele sobrevive como inteligência ativa – uma criatura gerada pela mente – por um período mais curto ou mais longo, proporcionalmente à intensidade da ação cerebral que o gerou. Desse modo, um bom pensamento é perpetuado como força ativa e benéfica, o mau pensamento como demônio maléfico. O homem está constantemente ocupando sua corrente no espaço com seu próprio mundo, um mundo povoado com a prole de suas fantasias, desejos, impulsos e paixões; uma corrente que reage sobre qualquer organização sensível ou nervosa que entre em contato com ela na proporção da sua intensidade dinâmica. A isto os budistas chamam *"Skandha"*. Os hindus lhe dão o nome de *"Karma"*. O Adepto produz essas formas conscientemente; outros homens as atiram fora inconscientemente.[22]

Jamais foi feito um quadro mais vívido da natureza essencial do *karma* do que nestas palavras, retiradas de uma das primeiras cartas do Mestre K.H.[23] Se elas forem claramente entendidas, com todas as suas implicações, as perplexidades que cercam o tema desaparecerão em grande parte e será apreendido o princípio fundamental subjacente à ação *kármica*. Por esta razão, serão consideradas como indicativos da melhor linha de estudo, e começaremos abordando os poderes criadores do homem. Tudo o que precisamos como prefácio é uma clara concepção da invariabilidade da Lei e dos grandes planos na Natureza.

---

[22] *O Mundo Oculto – A Verdade sobre as Cartas dos* Mahatmas [de Alfred P. Sinnett, Ed. Teosófica].
[23] Ver também *Cartas dos Mahatmas Para A.P. Sinnett*, Editora Teosófica. (N.T.)

A Invariabilidade da Lei

Que vivemos no reino da Lei, que estamos cercados por regras que não podemos transgredir – isto é um truísmo. Contudo, quando o fato é vital e verdadeiramente reconhecido, e quando é visto como tal nos mundos mental e moral tanto quanto no físico, um certo senso de desamparo tende a nos subjugar, como se nos sentíssemos dominados por algum imenso poder que, arrebatando-nos, lança-nos aonde bem queira. O que, na realidade, ocorre é exatamente o reverso disto, pois esse imenso poder, quando é compreendido, obedientemente nos levará aonde quer que *nós* queiramos ir: todas as forças da Natureza podem ser usadas na proporção em que são compreendidas – "A Natureza é conquistada pela obediência" –, e suas energias irresistíveis estão à nossa disposição logo que nós, pelo conhecimento, trabalhemos com elas e não contra elas. A partir de seus estoques ilimitados, podemos escolher as forças que servem a nosso propósito em dinamismo, em direção, etc., e é precisamente a sua invariabilidade que se torna a garantia de nosso sucesso.

Da invariabilidade da Lei dependem a segurança do experimento científico e toda a capacidade de se planejar um resultado e de se predizer o futuro. Sobre ela tranquiliza-se o químico, certo de que a Natureza responderá de maneira idêntica se ele for preciso na exposição de suas questões. Uma variação em seus resultados é considerada por ele como implicando uma mudança em seu procedimento, e não uma alteração na Natureza.

Isto se dá com toda ação humana; quanto mais estiver baseada no conhecimento, mais segura é em seus prognósticos, pois todo "acidente" é resultado da ignorância e deve-se à atuação de leis cuja presença era desconhecida ou foi negligenciada. Nos mundos mental e moral, tanto quanto no físico, os resultados podem ser previstos, planejados e calculados. A Natureza jamais nos trai; somos traídos por nossa própria cegueira. Em todos os mundos, o aumento de conhecimento significa aumento de poder, e onisciência e onipotência são uma só coisa.

É de se esperar que a Lei deva ser tão invariável nos mundos mental e moral quanto é no físico, uma vez que o Universo é a emanação do UNO e aquilo que chamamos de "lei" é apenas a expressão da Natureza Divina. Como existe uma só Vida de que tudo emana, semelhantemente existe uma única Lei que tudo sustenta; os mundos repousam sobre esta rocha da Natureza Divina como uma fundação segura, imutável.

Os Planos da Natureza

Para estudarmos a atuação do *karma* sobre a linha de ação sugerida pelo Mestre, devemos obter uma concepção clara dos três planos ou regiões inferiores do Universo e dos princípios a eles relacionados. As denominações dadas indicam o estado de consciência atuando neles. Neste pormenor, um diagrama pode ajudar-nos, mostrando os planos com os princípios a eles relacionados e os veículos nos quais uma entidade consciente pode visitá-los. No Ocultismo prático, o estudante aprende a explorar estes planos e a transformar, por meio de sua própria investigação, a teoria em conhecimento. O veículo inferior, o corpo grosseiro, serve à consciência para seu trabalho no plano físico, e nele a consciência é limitada pela capacidade do cérebro. O termo "corpo sutil" abrange uma variedade de corpos astrais, respectivamente apropriados às várias condições da mui complicada região indicada pelo nome de "plano psíquico". No plano *devachânico*, há dois níveis bem definidos, o nível com forma e o sem forma; no inferior, a consciência usa um corpo artificial, o *māyāvirūpa*; mas o termo "corpo mental" parece adequado como indicativo de que a matéria de que é composto pertence ao plano de *Manas*. No nível sem forma, deve ser usado o termo "corpo causal". É desnecessário ocupar-nos do plano búdico.

No entanto, a matéria nesses planos não é a mesma; de um modo geral, a matéria de um determinado plano é mais densa do que aquela do plano acima dele. Isto está de acordo com a analogia da Natureza, pois a evolução em seu transcurso descendente passa de rarefeita a densa, de sutil a grosseira. Além disso, vastas hierarquias de seres habitam esses planos, desde as inteligências sublimes da região espiritual aos elementais subconscientes mais inferiores do mundo físico. Em cada plano, espírito e matéria estão associados em cada partícula – cada partícula possuindo matéria como seu corpo e espírito como sua vida. Todos os agregados independentes de partículas – as formas separadas de cada espécie, de cada tipo – são animados por esses seres vivificados, variando em graduação segundo o grau da forma. Não existe nenhuma forma sem ser assim animada, podendo a entidade presente na forma ser a inteligência mais sublime, o elemental mais inferior ou qualquer das incontáveis hostes que vagueiam entre esses dois extremos.

As entidades, das quais logo estaremos tratando, são principalmente aquelas do plano psíquico, pois elas dão ao homem seu corpo-de-desejo (*kāma-rūpa*) – o corpo de sensação, como é muitas vezes chamado – e estão, de fato, embutidas em sua matriz astral, vivificando seus sentidos astrais. Elas são, para usar a terminologia técnica, as formas elementais (*rūpa-devatās*) do mundo animal, e consistem nos agentes das alterações, que transmutam vibrações em sensações.

ĀTMA

SUSHUPTICO		BUDDHI	VEÍCULO: CORPO ESPIRITUAL
DEVACHÂNICO		MANAS	VEÍCULOS: I – CORPO MENTAL II – CORPO CAUSAL
PSÍQUICO OU ASTRAL	PSÍQUICO INFERIOR SUPERIOR	KĀMA-MANAS KĀMA	VEÍCULO: CORPO SUTIL
FÍSICO		LINGA-SHARIRA STHULA-SHARIRA	VEÍCULOS: I – DUPLO ETÉRICO II – CORPO GROSSEIRO

A característica mais proeminente dos elementais *kâmicos* é a sensação, o poder não apenas de responder às vibrações mas de senti-las; e o plano psíquico está repleto dessas entidades, de vários graus de consciência, que recebem impactos de todo tipo e os transformam em sensações. Então, qualquer ser que possua um corpo no qual haja esses elementais é capaz de sentir; o homem sente através de tal corpo. Ele não é consciente nas partículas de seu corpo ou mesmo em suas células; elas possuem uma consciência própria, por meio da qual desempenham os vários processos de sua vida vegetativa. Mas o homem, cujo corpo é formado por elas, não compartilha de suas sensações, não as ajuda conscientemente nem as atrapalha enquanto elas selecionam, assimilam, segregam e constroem. O homem não conseguiria, em momento algum, pôr sua consciência em relação com a consciência de uma célula em seu coração a ponto de identificar exatamente qual a atividade dela. A consciência do homem funciona normalmente no plano físico; e mesmo nas regiões psíquicas superiores, onde a mente está atuando, ela está entremeada com *kāma*; a mente pura não funciona no plano astral.

O plano astral está abarrotado de elementais semelhantes a esses, que integram o corpo-de-desejo do homem e também o corpo-de-desejo mais simples do animal inferior. Através desta parte de sua natureza, o homem entra em contato direto com esses elementais; e por meio desse contato, ele estabelece elos com todos os objetos à sua volta, que lhe sejam atrativos ou repulsivos. Por meio de sua vontade, de suas emoções e de seus desejos, ele influencia esses incontáveis seres, que sensitivamente respondem a todas as vibrações de sentimento que ele irradia em todas as direções. Seu próprio corpo-de-desejo age como instrumento, e assim como ele transforma as vibrações que chegam do exterior em sentimentos, ele dissocia os sentimentos que surgem internamente em vibrações.

A Geração das Formas-pensamento

Estamos agora em condições de compreender com maior clareza as palavras do Mestre. A mente, atuando em sua própria região, na matéria sutil do plano psíquico superior, gera imagens, formas-pensamento. A imaginação foi muito acertadamente chamada de "faculdade criativa da mente", e isto num sentido mais literal do que podem supor muitos que usam a expressão. Esta capacidade de gerar imagem é o poder característico da mente; e uma palavra é simplesmente uma tentativa atabalhoada de representar parcialmente um quadro mental. Uma ideia, uma imagem mental, é algo complexo, e talvez precise de toda uma oração para descrevê-la com exatidão. Por esta razão, quando um incidente de alguma monta é apreendido na mente, a palavra que *designa* este incidente representa o todo de modo imperfeito. Dizemos "triângulo", e a palavra evoca um quadro, na mente do ouvinte, que precisaria de uma longa descrição para ser plenamente transmitida em palavras. Nós nos esmeramos ao pensar em símbolos e então, laboriosa e imperfeitamente, resumimos nossos símbolos em palavras. Em regiões onde uma mente se comunica com outra, há perfeita expressão, muito além do que as palavras possam transmitir; mesmo na transferência de pensamento de um tipo limitado, não são palavras que são enviadas, mas ideias. A pessoa que fala, na medida do possível, traduz em palavras uma determinada parte de seus quadros mentais, e essas palavras evocam, na mente do ouvinte, quadros correspondentes àqueles na mente de quem fala. A mente lida com quadros, com imagens, e não com palavras; metade das controvérsias e incompreensões ocorre porque as pessoas ligam diferentes imagens às mesmas palavras, ou usam palavras diferentes para representar as mesmas imagens.

Uma forma-pensamento, portanto, é uma imagem mental, criada – ou moldada – pela mente a partir da matéria sutil do plano em que ela atua, o psíquico superior, como foi dito acima. Esta forma, composta de átomos da matéria da região que vibram rapidamente, estabelece vibrações em tudo à sua volta; estas vibrações darão origem a sensações de som e cor em quaisquer entidades suscetíveis de assim traduzi-las. Quando a forma-pensamento desce – ou mergulha, qualquer expressão que usemos para expressar a transição – à matéria mais densa das regiões psíquicas inferiores, essas vibrações palpitam como uma cor cantante em todas as direções, e atraem os elementais pertencentes a essa cor à forma-pensamento de onde elas emanam.

Todos os elementais – como tudo mais no Universo – pertencem a um ou outro dos sete Raios primários, os sete primevos Filhos da Luz. A luz branca irrompe do Terceiro Logos, a Mente Divina manifestada, em sete Raios, os "Sete Espíritos diante do Trono", e cada um destes Raios tem seus sete sub-raios, e assim sucessivamente em subdivisões sequenciais. Consequentemente, em meio às intermináveis diferenciações que compõem um universo, existem elementais pertencentes a estas várias subdivisões, e a comunicação com eles se dá numa linguagem de cores, baseada na cor à qual pertencem. É por isso que o verdadeiro conhecimento dos sons, das cores e dos números – o número sendo subjacente tanto ao som quanto à cor – tem sido sempre tão bem guardado, pois a vontade fala aos elementais por meio de cores, e esse conhecimento concede o poder de controlá-los.

O Mestre K.H. aborda muito francamente esta linguagem de cores. Ele diz:

> Como você poderia fazer-se entender – comandar, de fato, essas forças semi-inteligentes, cujo modo de comunicação conosco não é através de palavras faladas, mas através de sons e cores, em correlação com as vibrações dos dois? Pois o som, a luz e as cores são os principais fatores na formação destas ordens de inteligências, desses seres, de cuja existência você não tem qualquer ideia, nem lhe é permitido acreditar neles. Ateus e cristãos, materialistas e espíritas, todos apresentam argumentos contra tal crença. A Ciência se volta mais fortemente que qualquer um deles contra uma "superstição tão degradante"![24]

---

[24] *O Mundo Oculto – A Verdade sobre as Cartas dos* Mahatmas [de Alfred P. Sinnett, Ed. Teosófica].

Os estudantes do passado devem lembrar as obscuras alusões feitas por vezes à linguagem de cores; eles se recordarão do fato de que, no Egito antigo, os manuscritos sagrados eram escritos em cores, e os equívocos cometidos no ato de copiar eram punidos com a morte. Mas não devo depreciar este fascinante atalho. Estamos interessados apenas no fato de que a comunicação com os elementais dá-se pelas cores, e que palavras em cor são tão inteligíveis a eles quanto o são, para os homens, as palavras faladas.

O matiz da cor cantante depende da natureza do motivo que inspirou o gerador da forma-pensamento. Se o motivo for puro, amoroso, beneficente em caráter, a cor produzida convocará um elemental para a forma-pensamento que assumirá as características impressas na forma pelo motivo e agirá segundo a razão por que foi atraído; esse elemental penetra a forma-pensamento desempenhando o papel de alma, e assim uma entidade independente é criada no mundo astral, uma entidade de caráter beneficente. Se, por outro lado, o motivo for impuro, vingativo, maléfico em caráter, a cor produzida convocará à forma-pensamento um elemental que igualmente assumirá as características impressas na forma pelo motivo e agirá segundo a razão por que foi criada; também, neste caso, o elemental penetra a forma-pensamento, desempenhando para ela o papel de alma, criando assim uma entidade independente no mundo astral, uma entidade de caráter maléfico. Por exemplo, um pensamento de ira causará um lampejo vermelho, a forma-pensamento vibrando de modo a produzir vermelho. Esse lampejo de cor vermelha é uma convocação aos elementais, e eles acorrem na direção de quem os convocou, sendo que um deles penetra a forma-pensamento, a qual lhe dá uma atividade independente do tipo destrutivo, desintegrador. Os homens estão continuamente falando nesta linguagem de cores de maneira inconsciente, atraindo, dessa forma, para junto de si essa multidão de elementais, que fixam residência nas várias formas-pensamento providas. É assim que o homem povoa "sua corrente no espaço com seu próprio mundo, um mundo povoado com a prole de suas fantasias, desejos, impulsos e paixões". Anjos e demônios de nossa própria criação pululam ao nosso redor de todos os lados, causando o bem e o mal aos outros, trazendo o bem e o mal a nós próprios – verdadeiramente, uma hoste *kármica*.

Os clarividentes conseguem ver clarões de cor em constante mutação na aura ao redor de toda pessoa: cada forma, cada sentimento transformando-se no mundo astral, visível à visão astral. As pessoas um pouco mais desenvolvidas do que o clarividente comum conseguem ver ainda as formas-pensamento, e são capazes de visualizar os efeitos produzidos pelos lampejos de cor entre as hordas de elementais.

A Atividade das Formas-pensamento

A duração de vida dessas formas-pensamento animadas depende, a princípio, de sua intensidade inicial, da energia que lhes é conferida pelo genitor humano; e, em segundo lugar, dos nutrientes que lhes são supridos após serem geradas através da repetição do pensamento, seja pelo genitor ou por outras pessoas. A vida dessas formas-pensamento será continuamente reforçada pela repetição, e o pensamento que é remoído, constituindo o tema de repetida meditação, adquire grande estabilidade de forma no plano psíquico. Além disso, formas-pensamento de caráter semelhante são atraídas umas às outras e se fortalecem mutuamente, criando uma forma de grande energia e intensidade, ativa no mundo astral.

As formas-pensamento estão ligadas a seu genitor por aquilo que – por falta de uma expressão melhor – devemos chamar de "laço magnético"; elas reagem sobre ele produzindo uma impressão que leva à sua reprodução. No caso acima mencionado, onde uma forma pensamento é reforçada pela repetição, será estabelecido um hábito de pensamento muito definido, será formado um molde ao qual o pensamento fluirá prontamente – um molde útil se for de um caráter elevado, como um nobre ideal; no entanto, na maioria dos casos, uma limitação e um empecilho ao crescimento mental.

Podemos fazer uma pausa e deter-nos por alguns instantes sobre a formação do hábito, pois ela mostra em miniatura, de modo bastante adequado, a atuação do *karma*. Suponhamos que pudéssemos ter uma mente pronta para uso, sem qualquer atividade passada atrás de si – algo impossível, certamente, mas a suposição suprirá o detalhe especial necessário. Pode-se imaginar tal mente trabalhando com perfeita liberdade e espontaneidade, produzindo uma forma-pensamento; ela continua repetindo isto muitas e muitas vezes, até que um hábito de pensamento é criado, um hábito definido, de modo que a mente inconscientemente penetrará esse pensamento – sua energia fluirá para ele sem qualquer ação seletiva consciente da vontade. Suponhamos ainda que a mente venha a desaprovar este modo de pensar, e que o considere um obstáculo ao seu progresso. Originalmente, devido à ação espontânea da mente e por facilitar a efusão de energia mental disponibilizando-lhe um canal pronto, tal hábito definido de pensar se tornou agora uma limitação. Porém, ele somente poderá ser descartado pela renovada ação espontânea da mente, dirigida até a exaustão e destruição final desse grilhão vivo. Temos aqui um pequeno ciclo *kármico* ideal, rapidamente considerado: a mente livre cria o hábito, e então é obrigada a atuar dentro dessa limitação; mas ela retém sua liberdade dentro da limitação e pode atuar contra ele, a partir do interior, até que se extinga essa limitação. Certamente, jamais somos inicialmente livres, pois chegamos ao mundo sobrecarregados com esses grilhões, criados por nós mesmos no passado; mas o processo com relação a cada grilhão separado segue o trajeto acima – a mente forja-o, usa-o e, enquanto o usa, ela pode desbastá-lo.

As formas-pensamentos podem também ser direcionadas por seu genitor a pessoas específicas, que podem ser auxiliadas ou prejudicadas por elas, segundo a natureza do elemental que as anima. Não é mera poesia imaginar que bons votos, orações e pensamentos amorosos são valiosos para aqueles a quem são dirigidos; eles formam uma hoste protetora que envolve o ente querido, afastando dele muitas influências maléficas e muitos perigos.

O homem não apenas gera e envia suas formas-pensamento, ele também atua como imã, atraindo para si as formas-pensamentos de outras pessoas do plano astral à sua volta, das classes às quais pertençam suas próprias formas-pensamento animadas. Assim, ele pode atrair para si grande reforço de energia do exterior, e depende dele se essas forças que atrai para seu próprio ser, a partir do mundo externo, são de um tipo bom ou mau. Se os pensamentos do homem são puros e nobres, ele atrai ao redor de si hostes de entidades beneficentes, podendo às vezes se perguntar de onde lhe advém o poder de realizar o que parece – e verdadeiramente parece – estar tão além de seu próprio poder. De modo semelhante, o homem de pensamentos impuros e abjetos atrai para si hostes de entidades maléficas e, por este acréscimo de energia para o mal, comete crimes que lhe surpreendem em retrospecto. "Algum demônio deve ter-me tentado", dirá ele; e verdadeiramente essas forças demoníacas, atraídas a ele por sua própria maldade, acrescentam força a esta maldade a partir do exterior. Os elementais atraídos pelas formas-pensamento, quer sejam bons ou maus, unem-se aos elementais no corpo-de-desejo do homem e àqueles que animam suas próprias formas-pensamento, e assim atuam sobre ele, embora oriundos do exterior. Mas, para isto, eles devem encontrar entidades de seu próprio tipo com as quais se unir, caso contrário não conseguem exercer nenhum poder. Ademais, elementais de um tipo oposto de forma-pensamento irão repeli-los, e o homem bom rechaçará por meio de sua própria atmosfera, de sua aura, tudo que é impuro e cruel. Sua aura, sua atmosfera, cerca-o como uma muralha protetora e mantém afastado o mal.

Existe uma outra forma de atividade elemental que produz amplos resultados e, portanto, não pode ser excluída desta sondagem preliminar das forças que compõem o *karma*. Tal como as que acabamos de relacionar, esta atividade está incluída na afirmação de que essas formas-pensamento povoam "uma corrente que reage sobre qualquer organização sensível ou nervosa que entre em contato com ela na proporção da sua intensidade dinâmica". Até certo ponto, essa atividade deve afetar quase todas as pessoas, embora quanto mais sensível a organização maior o efeito. Os elementais tendem a ser atraídos por outros de tipo semelhante – agregando-se em classes, sendo, de certo modo, gregários por iniciativa própria –, e quando um homem projeta uma forma-pensamento, ela não apenas mantém um elo magnético com ele como também é atraída para outras formas-pensamentos de tipo semelhante, às quais se congrega no plano astral formando uma força benéfica ou maléfica, segundo o caso, corporificada em um tipo de entidade coletiva. Esses agregados de formas-pensamento semelhantes se devem a características, muitas vezes fortemente marcantes, de opinião familiar, local e nacional; eles formam um tipo de atmosfera astral através da qual se veem todas as coisas, colorindo tudo aquilo a que o olhar é dirigido e reagindo nos corpos-de-desejo das pessoas incluídas no grupo em questão, nelas estabelecendo vibrações responsivas. Esses ambientes *kármicos* do tipo familiar, local ou nacional modificam amplamente a atividade do indivíduo e limitam muito seu poder de expressar as capacidades que venha a possuir. Suponhamos que uma ideia lhe deva ser apresentada, ele consegue vê-la apenas através dessa atmosfera que o cerca, que vai colorir e pode mesmo distorcer gravemente a ideia. Aqui, portanto, estão limitações *kármicas* de amplas consequências, que precisarão de posterior consideração.

As influências desses agregados de elementais não estão confinadas àquilo que eles exercem sobre os homens através de seus corpos-de-desejo. Quando uma entidade coletiva – como a tenho chamado – é composta de formas-pensamento de um tipo destrutivo, os elementais que a animam agem como uma energia perturbadora, e muitas vezes causam devastação no plano físico. Sendo um vórtice de energias desintegradoras, elas são as fontes fecundas de "acidentes", de convulsões naturais, de tempestades, ciclones, furacões, terremotos e enchentes. Esses resultados *kármicos* também precisarão de maior consideração.

A CRIAÇÃO DO *KARMA* EM PRINCÍPIO

Assim, tendo compreendido a relação entre o homem, o reino elemental e as energias que moldam a mente – energias verdadeiramente criativas, uma vez que elas trazem à manifestação as formas vivas que foram descritas –, estamos em condição de compreender, pelo menos parcialmente, algo da geração e atuação do *karma* durante um período de vida individual. Digo "um período de vida", em vez de "uma vida", porque uma vida significa pouco demais se for usado no sentido comum de uma única encarnação e muitíssimo se for usada para toda a vida, composta de muitos estágios no corpo físico e fora dele. Por "período de vida", quero dizer um limitado ciclo de existência humana, com suas experiências físicas, astrais e *devachânicas*, incluindo seu retorno ao limiar do físico – os quatro estágios distintos através dos quais passa a alma para completar seu ciclo. Esses estágios são repetidamente trilhados durante a jornada do eterno peregrino em nossa atual humanidade, e por mais que possam variar as experiências em cada período, tanto com relação à quantidade quanto à qualidade, o período incluirá esses quatro estágios para o ser humano médio, e nenhum mais.

É importante compreender que a residência fora do corpo físico é muito mais prolongada do que a residência nele; e a atuação da lei *kármica* não será bem compreendida a não ser que seja estudada a atividade da alma na condição não física. Recordemos as palavras do Mestre, assinalando que a vida fora do corpo é a vida verdadeira:

> Os vedantinos, reconhecendo dois tipos de existência consciente, a terrestre e a espiritual, apontam apenas para esta última

como realidade indubitável. Quanto à vida terrestre, devido à sua mutabilidade e brevidade, é nada mais que uma ilusão de nossos sentidos. Devemos pensar em nossa vida nas esferas espirituais como uma realidade, porque é aí que vive nosso Ser, perene, imutável, imortal, o *Sūtrātmā*. [...] É por isso que denominamos como única realidade a vida póstuma, e a vida terrestre, incluindo a própria personalidade, como apenas imaginária.[25]

Durante a vida terrena, a atividade da alma manifesta-se mais diretamente na criação das formas-pensamentos já descritas. Mas para levar a cabo a atuação do *karma* até a exatidão, devemos agora analisar ainda mais o termo "forma-pensamento", acrescentando algumas considerações necessariamente omitidas no conceito geral que foi anteriormente apresentado. A alma, atuando como mente, cria uma imagem mental, a "forma-pensamento"[26] primária; peguemos o termo "imagem mental" com o significado exclusivo desta criação imediata da mente, e doravante restrinjamos o termo a este estágio inicial do que é geral e amplamente chamado de "forma-pensamento". Esta imagem mental permanece presa a seu criador como parte do conteúdo de sua consciência: a palavra *pensada*, mas não ainda *falada*, é uma forma viva vibrante de matéria sutil concebida, porém ainda não corporificada. Que o leitor concentre sua mente por alguns instantes sobre esta imagem mental, e dela obtenha uma noção distinta, isolada de tudo mais, separada de todos os resultados que ela vai produzir em outros planos que não o seu. Ela constitui, como acabamos de mencionar, parte do conteúdo da consciência de seu criador, é parte inalienável de sua propriedade, não podendo dele ser separada; ele a carrega consigo durante sua vida terrena, através dos portões da morte e nas regiões além da

---

[25] *Lucifer*, outubro de 1892, art. "Life and Death" [Vida e Morte].
[26] Ver "A Geração das Formas-Pensamento" [na Introdução].

morte. Se durante sua viagem ascendente por essas regiões ele mesmo penetra atmosfera excessivamente rarefeita para ser por ela suportada, ele deixa para trás a matéria mais densa de que é constituída, levando consigo a matriz mental, a forma essencial. Ao retornar à região mais grosseira, a matéria daquele plano passa novamente a preencher aquela matriz mental, reproduzindo a forma densa. Esta imagem mental pode permanecer adormecida, por assim dizer, durante longos períodos, mas pode ser despertada e revivida; cada novo impulso – de seu criador, de sua progênie (de que trataremos à frente), de entidades do mesmo tipo que sua progênie – aumenta sua energia vital e modifica sua forma.

Ela evolui, como veremos, segundo leis definidas, e o agregado dessas imagens mentais cria o caráter – o externo reflete o interno. Da mesma maneira que as células se agregam formando os tecidos do corpo, sendo muitas vezes modificadas no processo, igualmente essas imagens mentais agregam-se formando as características da mente, e frequentemente sofrem inúmeras modificações. O estudo da atuação do *karma* lançará luz sobre essas alterações. Muitos materiais podem participar da criação dessas imagens mentais pelos poderes criativos da alma. A mente pode ser estimulada a agir pelo desejo (*kāma*), moldando a imagem por indução de paixão ou de apetite; ela pode ser automotivada a um nobre ideal, moldando a imagem de acordo com este ideal; ela tem a possibilidade de ser levada por conceitos puramente intelectuais, formando então a imagem correspondente. No entanto, sublime ou grosseira, intelectual ou passional, benéfica ou prejudicial, divina ou bestial, no homem ela é sempre uma imagem *mental*, o produto da alma criativa, e de sua existência depende o *karma* individual. Sem esta imagem mental não pode haver *karma* individual unindo um período de vida a outro: a qualidade *manásica* deve estar presente para conceber o elemento permanente ao qual o *karma* individual possa pertencer. A ausência de

Manas nos reinos mineral, vegetal e animal tem como corolário a não geração de *karma* individual, estendendo-se da morte ao renascimento.

Consideremos agora a forma-pensamento primária com relação à forma-pensamento secundária, a forma-pensamento pura e simples vinculada à forma-pensamento animada, a imagem mental em conexão à imagem astro-mental ou forma-pensamento no plano astral inferior. Como é produzida e em que consiste? Utilizando o símbolo empregado acima, é produzida pela palavra-pensada tornando-se a palavra-falada; a alma expira o pensamento, e o som cria a forma na matéria astral. Assim como as Ideias na Mente Universal tornam-se o universo manifesto quando são expiradas, igualmente na mente humana, quando essas imagens mentais são expiradas, tornam-se o universo manifestado de seu criador. A mente povoa "sua corrente no espaço com seu próprio mundo". As vibrações da imagem mental estabelecem vibrações similares na matéria astral mais densa, as quais criam a forma-pensamento secundária, a que chamei de "imagem astro-mental". A imagem mental em si permanece, como já foi dito, na consciência do seu genitor, mas suas vibrações, passando para fora dessa consciência, reproduzem sua forma na matéria mais densa do plano astral inferior. Esta é a forma que propicia o invólucro a uma porção de energia elemental, particularizando-a enquanto a forma persistir, uma vez que o elemento *manásico* na forma dá um toque de individualidade àquilo que anima. (Como são maravilhosas e iluminadoras as correspondências na Natureza!) Esta é a "entidade ativa" de que fala o Mestre em sua descrição, e é esta imagem astro-mental que se estende por sobre o plano astral, provendo com seu genitor[27] o elo magnético de que se falou, reagindo sobre seu criador, a imagem mental, e agindo também sobre outras

---

[27] Ver "A Geração das Formas-Pensamento" [na Introdução, p. 24] e também o diagrama à p.23.

imagens mentais. A duração de uma imagem astro-mental pode ser longa ou curta segundo as circunstâncias, e o seu perecimento não afeta a subsistência de seu criador; qualquer novo impulso dado à imagem mental fará com que ela gere mais uma vez sua contraparte astral, pois cada repetição de uma palavra produz uma nova forma.

As vibrações da imagem mental não apenas descem ao plano astral inferior, como também se elevam ao plano espiritual acima de si.[28] Da mesma maneira que as vibrações criam uma forma mais densa no plano inferior, elas igualmente criam uma forma bem mais sutil – que ouso chamar de forma, porém não é forma para nós – no plano superior, no *ākāsha*, a matéria-prima mundial emanada do próprio Logos. O *ākāsha* é o depósito de todas as formas, o cofre forte para onde são vertidos, a partir da infinita riqueza da Mente Universal, os ricos estoques de todas as Ideias que devem ser corporificadas num determinado cosmos; aí também são depositadas as vibrações do cosmos – de todos os pensamentos de todas as inteligências, de todos os desejos de todas as entidades *kāmicas*, de todas as ações praticadas em cada plano por todas as formas. Todas estas coisas causam suas respectivas impressões: os "sem forma" para nós, mas que para as sublimes inteligências espirituais são "com forma", imagens de todos os acontecimentos; e essas imagens *ākāshicas* – como daqui por diante iremos chamá-las – permanecem para sempre, sendo os verdadeiros registros *kármicos*, o Livro dos Lipika[29], que pode ser lido por qualquer um que possua o "olho aberto de Dangma"[30]. É o reflexo dessas imagens *ākāshicas* que pode ser projetado sobre a tela de matéria astral pela ação da atenção treinada – como um

---
[28] As palavras "descer" e "elevar-se" geram muita confusão; certamente que os planos se interpenetram.
[29] Ver *A Doutrina Secreta*.
[30] *Ibid*, [ver] estância I do *Livro de Dzyan*, e ver "Conclusão".

quadro pode ser projetado sobre uma tela a partir de um *slide* numa lanterna mágica –, de modo que uma cena do passado pode ser reproduzida em toda sua vívida realidade, precisa em cada detalhe de seu longínquo acontecimento, pois ela existe nos registros *ākāshikos*, impressa para todo o sempre. Um quadro vivo transitório de qualquer página desses registros pode ser feito à vontade, dramatizado no plano astral e vivenciado pelo Vidente treinado.

Se esta descrição imperfeita for seguida pelo leitor, ele poderá formar para si alguma ideia, embora fraca, do *karma* em seu aspecto como causa. No *ākāsha* estará impressa a imagem mental criada por uma alma, inseparável dela; em seguida, a imagem astro-mental produzida por ela, a entidade ativa animada, abrangendo o plano astral e produzindo inúmeros efeitos, tudo exatamente retratado com relação a ela, e portanto rastreável até ela e através dela até seu genitor, sendo cada um desses fios – tecidos pela imagem astro-mental como se estivessem fora de sua própria substância, como a aranha tece sua teia – identificável por seu próprio matiz de cor. Por mais que esses fios possam efetivamente ser tecidos, cada um deles é distinguível e rastreável até seu criador original, a alma que criou a imagem mental. Assim, para nossas canhestras inteligências terrenas, em linguagem lastimosamente inadequada, podemos imaginar o modo como a responsabilidade individual é vista de relance pelos grandes Senhores do *Karma*, os administradores da lei *kármica*; a plena responsabilidade da alma pela imagem mental por ela criada; e a responsabilidade parcial por seus efeitos de longo alcance, maiores ou menores, uma vez que cada efeito tem outros fios *kármicos* penetrando sua causação. Dessa maneira, podemos também entender por que o motivo desempenha papel tão predominante na atuação do *karma*, por que as ações são tão relativamente subordinadas em sua energia generativa, e também por que o *karma* trabalha a partir de cada plano segundo seus constituintes e, não obstante, une os planos pela continuidade de seu fio.

Quando os conceitos iluminadores da Religião-Sabedoria vertem sua corrente de luz sobre o mundo, dispersando a escuridão e revelando a justiça absoluta que está atuando sob todas as incongruências, desigualdades e aparentes acidentes da vida, será de admirar que nossos corações demonstrem inexprimível gratidão aos Grandes Seres – abençoados sejam! –, que sustentam a tocha da Verdade nas trevas sombrias e nos libertam da tensão que nos estava extenuando até o ponto de ruptura, a impotente agonia de testemunhar injustiças que pareciam irremediáveis, a impotência da justiça, o desespero do amor?

Não estás preso! A Alma das Coisas é doce,
O Coração do Ser é repouso celestial;
Mais forte do que a desdita é a vontade: aquilo que era Bom
Torna-se Melhor – Melhor ainda.

Tal é a Lei que leva à retidão,
Que, afinal, ninguém pode evitar ou deter;
Seu coração é Amor, o seu fim
É Paz e doce Consumação. Obedece!

Podemos, talvez, ganhar em clareza se tabularmos os triplos resultados da atividade da Alma que vão compor o *karma* como causa, considerado em princípio e não em detalhe. Assim, temos durante um período de vida:

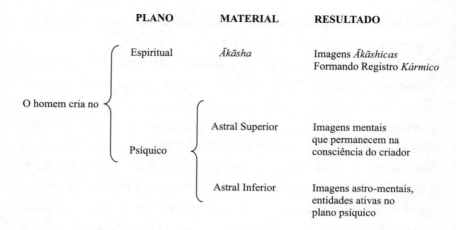

Os resultados serão tendências, capacidades, atividades, oportunidades, ambiente, etc., principalmente nos períodos de vida futuros, elaborados de acordo com leis definidas.

A CRIAÇÃO DO *KARMA* EM DETALHE

O estudante deve reconhecer a alma do homem, o Ego, o criador de *karma*, como uma entidade em crescimento, um indivíduo vivo, que cresce em sabedoria e estatura mental à medida que trilha a senda de sua evolução eterna; e deve ter sempre em mente a identidade fundamental de *manas* superior e inferior. Por questão de conveniência, fazemos distinção entre eles, mas a diferença é de atividade funcional e não de natureza. *Manas* superior é *Manas* atuando no plano espiritual, de posse da plena consciência de seu próprio passado; *manas* inferior é *Manas* atuando no plano psíquico ou astral, velado em matéria astral, tendo *kāma* como veículo, e com todas as suas atividades entremescladas com a natureza do desejo e por ela coloridas – está, em grande parte, enceguecido pela matéria astral que o encobre, possuindo apenas uma porção da consciência *manásica* total. Esta porção consiste – para a vasta maioria – de uma seleção limitada das experiências mais marcantes da encarnação então em andamento. Para o propósito prático da vida – como é vista pela maioria das pessoas –, *manas* inferior é o "eu", aquilo que denominamos de Ego Pessoal; a voz da consciência, vaga e confusamente considerada como sobrenatural, como a voz de Deus, é para grande parte das pessoas a única manifestação do *manas* superior no plano psíquico; e elas corretamente a consideram como sobrenatural, por mais equivocadas que possam estar com relação à natureza da voz. Mas o estudante deve compreender que *manas* inferior é uno com o superior, como o raio solar é um com o Sol; o sol de *manas* está sempre brilhando no céu do plano espiritual, e o raio de *manas* penetra o plano psíquico. Todavia, se, por conveniência e com a finalidade de lhes distinguir o funcionamento, os considerarmos como dois, irremediavelmente haverá confusão.

O Ego é, portanto, uma entidade em crescimento, uma grandeza crescente. O raio enviado para baixo é como uma mão que é mergulhada na água para apanhar algum objeto e que depois se retira segurando o objeto entre os dedos. O crescimento do Ego depende do valor dos objetos coletados por sua mão estendida, e a importância de todo seu trabalho, quando o raio é retirado, está limitada e condicionada pelas experiências reunidas enquanto aquele raio esteve atuando no plano psíquico. É como se um lavrador adentrasse o campo e trabalhasse na chuva e no sol, no frio e no calor, retornando para casa à noite; mas o lavrador é também o proprietário, e todos os resultados de seu trabalho enchem seus próprios celeiros e enriquecem seu próprio estoque. Cada Ego Pessoal é a parte imediatamente efetiva do Ego Individual ou ego *reencarnante*, representando-o no mundo inferior e necessariamente mais ou menos desenvolvido segundo o estágio alcançado pelo Ego como uma totalidade ou um indivíduo. Se isto for entendido com clareza, desaparecerá o senso de sucessiva injustiça ao Ego Pessoal devido à sua herança *kármica* – muitas vezes considerado como uma dificuldade pelo jovem estudante de Teosofia –, pois será compreendido que o Ego que criou o *karma* colhe o *karma*, o lavrador que fez a semeadura armazena a colheita, embora as roupas com as quais tenha trabalhado como semeador possam ter se desgastado durante o intervalo entre a semeadura e a colheita – as vestes astrais do Ego também se desfizeram em pedaços entre o período de plantar e de colher, e ele realiza a colheita com um novo conjunto de vestimentas. Mas "aquele" que semeou é quem colhe, e se ele semeou apenas poucas sementes ou sementes mal selecionadas, é ele quem encontrará nada mais que uma pobre colheita quando reaparecer como ceifeiro.

Nos primeiros estágios do crescimento do Ego, seu progresso será extremamente lento[31], pois ele será levado daqui para ali

---

[31] Ver *Birth and Evolution of the Soul* [Nascimento e Evolução da Alma].

pelo desejo, seguindo suas atrações no plano físico. As imagens mentais por ele criadas serão, em grande parte, do tipo passional, e por isso as imagens astro-mentais serão violentas e de curta duração, em vez de serem fortes e de grande projeção. A duração da imagem astro-mental dependerá do tipo de elementos *manásicos* que entrem na composição da imagem mental. O pensamento firme, constante, formará imagens mentais claramente definidas e, consequentemente, imagens astro-mentais duradouras e fortes, havendo um propósito evidente na vida, um ideal claramente reconhecido ao qual a mente está constantemente recorrendo e sobre o qual continuamente se demora; essa imagem mental se tornará uma influência dominante na vida mental, e as energias da alma serão em grande medida dirigidas por ela.

Estudemos agora a criação do *karma* por meio da imagem mental. Durante sua vida, o homem forma inúmeras construções de imagens mentais; algumas são fortes, claras, continuamente reforçadas por impulsos mentais repetidos; outras são débeis, indefinidas, como que abandonadas pela mente logo ao serem criadas. Com a morte do homem, a alma se encontra na posse de miríades dessas imagens mentais, e elas variam em caráter como também em força e definição. Algumas representam as aspirações espirituais, as aspirações de servir, buscas trôpegas por conhecimento, votos de autodedicação à vida superior; outras são puramente intelectuais, pérolas brilhantes de pensamento, receptáculos dos resultados de estudo profundo; algumas delas são emocionais e passionais, exalando amor, compaixão, ternura, devoção, ira, ambição, orgulho, ganância; outras provêm dos apetites corporais estimulados pelo desejo incontido, representando os pensamentos de gula, embriaguez e sensualidade. Cada alma tem sua própria consciência repleta dessas imagens mentais como resultado de sua vida mental. Nenhum pensamento, por mais transitório que seja, deixa de estar aí representado; as imagens astro-mentais podem, em muitos casos, ter perecido há muito tempo, por terem tido força suficiente para persistir por apenas algumas horas; mas as imagens mentais permanecem entre as posses da alma, sem faltar nenhuma. A alma leva consigo todas essas imagens mentais quando transpõe os portais da morte e penetra o mundo astral.

O *kāma-loka*, ou região de desejo, é dividido em muitas camadas, por assim dizer. Imediatamente após a morte, a alma tem a sobrecarga de todo o seu corpo-de-desejo, ou *kāma-rūpa*; e todas as imagens mentais formadas por k*āma-manas* que sejam de natureza grosseira e animal têm grande poder nos níveis inferiores do mundo astral. A alma debilmente desenvolvida dará ênfase a essas imagens e as expressará em ações, preparando-se assim para repeti-las uma vez mais fisicamente, em sua próxima vida; o homem que deu ênfase a pensamentos sensuais e criou imagens mentais desse tipo não apenas será atraído a cenas terrestres ligadas a gratificações pessoais como estará constantemente repetindo essas ações em sua mente; desse modo, ele estabelece em sua natureza tendências cada vez mais fortes com respeito ao futuro cometimento de delitos similares. O mesmo se dá com outras imagens mentais formadas de material suprido pela natureza do desejo que pertençam a outros níveis em *kāma-loka*. À medida que a alma se eleva dos níveis inferiores para os superiores, as imagens mentais construídas a partir de materiais de níveis inferiores perdem esses elementos, tornando-se assim latentes na consciência – o que H.P. Blavatsky costumava chamar de "privações de matéria" –, com capacidade de existir, porém sem manifestação material. A veste *kāma-rūpa* é purificada de seus elementos mais grosseiros quando o Ego inferior é atraído para cima, ou antes para dentro, em direção à região *devachânica*; cada "veste" descartada desintegra-se no devido tempo, até que a última veste seja abandonada e o raio seja completamente despido de todo revestimento astral. No retorno do Ego à vida terrena, essas imagens latentes serão projetadas atraindo para si os materiais *kâmicos* apropriados, que as tornam capazes de manifestação no plano astral. Elas se tornarão os apetites, as paixões e as emoções inferiores de seu corpo-de-desejo durante sua nova encarnação.

Podemos observar, de passagem, que algumas das imagens mentais que envolvem a alma recém-chegada constituem a fonte de muitos problemas durante os primeiros estágios da vida *post-mortem*; as crenças supersticiosas, apresentando-se como imagens mentais, torturam a alma com quadros de horror que não têm cabimento em seu ambiente real. Todas as imagens mentais formadas a partir de paixões e apetites estão sujeitas ao processo acima descrito para serem novamente manifestadas pelo Ego em seu retorno à vida terrena, como diz o autor do livro *O Plano Astral*:

> As grandes divindades *kármicas* do Cosmos (chamadas de "*Lipika*" em *A Doutrina Secreta*) pesam as ações de cada personalidade quando, no fim da vida astral, se realiza a separação final dos seus princípios, dando, por assim dizer, o molde para um duplo etérico exatamente apropriado ao *karma* dessa personalidade para o próximo nascimento físico.[32]

Desembaraçada momentaneamente desses elementos inferiores, a alma penetra o *devachan*, onde passa um período de tempo proporcional à riqueza ou à escassez de suas imagens mentais suficientemente puras para serem transportadas a essa região. Aí ela encontra novamente cada um de seus esforços mais sublimes, por mais breves que possam ter sido, por mais fugazes, e aí ela os manipula, extraindo desses materiais poderes para suas vidas vindouras.

---

[32] Ver *O Plano Astral*, de C.W. Leadbeater [Editora Teosófica].

A vida no *devachan* é uma vida de assimilação; as experiências terrenas coletadas têm de ser introduzidas na textura da alma, e é por meio dessas experiências que o Ego cresce; seu desenvolvimento depende do número e da variedade das imagens mentais que criou e transmutou em tipos apropriados e mais permanentes durante sua vida terrena. Reunindo todas as imagens mentais de uma mesma categoria, delas o Ego extrai a essência; pela meditação, cria um órgão mental e nele verte, como faculdade, a essência que extraiu. Por exemplo: um homem formou muitas imagens mentais a partir de aspirações pelo conhecimento e do esforço para compreender raciocínios sutis e sublimes; ele descarta seu corpo, sendo seus poderes mentais apenas do tipo mediano; no *devachan*, a alma trabalha todas essas imagens mentais transformando-as em capacidade para que, ao retornar à Terra, tenha um instrumento mental superior ao anterior, com poderes intelectuais muito aumentados, capaz de realizar tarefas para as quais era totalmente inadequado anteriormente. Esta é a transformação das imagens mentais, por meio da qual elas deixam de existir como imagens mentais. Se em vidas posteriores a alma quiser rever essas imagens como eram, ela terá que buscá-las nos registros *kármicos*, onde permanecem eternamente como imagens *akāshicas*. Por meio desta transformação, elas deixam de ser imagens mentais criadas e trabalhadas pela alma, tornando-se poderes da alma, parte de sua própria natureza. Então, se o homem deseja possuir faculdades mentais superiores às que desfruta atualmente, ele pode assegurar o desenvolvimento dessas faculdades deliberadamente desejando adquiri-las, mantendo sua aquisição persistentemente em seu campo de visão, pois o desejo e a aspiração em uma vida se tornam faculdade em outra, e a vontade de realizar transforma-se em capacidade de alcançar. Mas devemos lembrar que a faculdade assim construída é estritamente limitada pelos materiais supridos ao arquiteto; não há criação a partir do nada, e se a alma na Terra fracassa em exercer seus poderes de semear a semente da aspiração e do desejo, no *devachan* ela terá apenas uma escassa colheita.

As imagens mentais que foram constantemente repetidas, mas que não são do caráter da aspiração, do anelo em atingir mais do que os fracos poderes que a alma permite, tornam-se tendências mentais, sulcos nos quais a energia mental flui fácil e prontamente. Daí a importância de não se permitir à mente vaguear sem destino entre objetos insignificantes, ociosamente criando imagens mentais triviais e consentindo-lhes residir na mente. Pois elas persistirão e formarão canais para futuras efusões de força mental, que assim serão levadas a vaguearem nos níveis inferiores, percorrendo os sulcos de costume como caminhos de menor resistência.

A vontade ou o desejo de realizar uma ação de natureza pura e elevada, tendo sido frustrados não por falta de habilidade, mas por falta de oportunidade ou por circunstâncias que impeçam a sua realização, criarão imagens mentais que serão expressas em pensamento no plano *devachânico* e precipitadas como ações ao retornar à Terra. Se a imagem mental foi formada a partir do desejo de praticar ações beneficentes, ela dará origem à execução mental dessas ações no *devachan*; e essa execução, reflexo da própria imagem, a deixará no Ego como uma imagem mental intensificada de uma ação, que será lançada no plano físico como ato físico no momento em que o toque de oportunidade favorável precipite esta cristalização do pensamento em ato – o ato físico é inevitável quando a imagem mental foi realizada como ação no plano *devachânico*. A mesma lei aplica-se a imagens mentais formadas a partir de desejos grosseiros, embora essas imagens jamais passem para o *devachan*, estando porém sujeitas ao processo antes descrito, de serem reproduzidas no caminho de volta à Terra. Desejos cobiçosos repetidos, por exemplo, a partir dos quais são formadas imagens mentais correspondentes, se cristalizarão como atos de roubo quando as circunstâncias forem propícias. O *karma* causativo está completo, e o ato físco tornou-se o efeito inevitável quando alcançado o ponto no qual uma nova repetição da imagem mental basta para sua transformação em ação. Não se deve esquecer que a repetição de um ato tende a automatizá-lo, e esta lei atua nos planos além do físico; então, se uma ação for constantemente repetida no plano psíquico, ela se tornará automática, e quando surgir a oportunidade, ela será automaticamente imitada no físico. Como frequentemente se diz após um crime: "Fiz sem pensar" ou "Se eu tivesse pensado por um instante, jamais teria feito isto!" A pessoa que fala está certa em sua alegação de que não foi movida por uma ideia deliberadamente pensada, e ela é naturalmente ignorante quanto aos pensamentos precedentes, a sequência de causas que levou ao resultado inevitável. É como uma solução saturada que se solidificará se apenas mais um cristal for nela colocado; ao mero contato, tudo se solidifica. Quando o agregado de imagens mentais alcançou o ponto de saturação, o acréscimo de apenas mais uma delas o transforma em ato. O ato, por outro lado, é inevitável, pois a liberdade de escolha exauriu-se ao se criar repetidamente a imagem mental, e o físico é forçado a obedecer ao impulso mental. O desejo de fazer algo em uma vida comporta-se como compulsão para fazer em outra, parecendo como se o desejo agisse como uma exigência sobre a Natureza, a que ela responde oferecendo a oportunidade de realizar[33].

As imagens mentais armazenadas pela memória como experiências pelas quais passou a alma durante sua vida terrena, o exato registro das ações sobre ela exercido pelo mundo externo, devem também ser trabalhadas pela alma. Pelo estudo dessas imagens, ao meditar sobre elas, a alma aprende a ver suas

---

[33] Ver a seção posterior sobre a atuação do *karma*.

inter-relações, o valor que elas possuem como conversões para si das operações da Mente Universal na Natureza manifestada. Em suma, por meio da reflexão paciente sobre as imagens, a alma extrai todas as lições que elas têm para ensinar – lições de prazer e dor, de prazer criando dor, e de dor criando prazer, ensinando a presença de leis invioláveis às quais ela deve aprender a se sujeitar. As lições de sucesso e de fracasso, de realização e de desapontamento, de temores infundados, de esperanças que não se realizam, de força que cede sob pressão, de pretenso conhecimento revelando-se como ignorância, de paciente persistência arrancando a vitória do fracasso aparente, de negligência transformando vitória aparente em derrota – a alma pondera sobre todas essas coisas; e por meio de sua própria alquimia, transmuta toda esta mistura de experiências no ouro da sabedoria, de modo que ela possa retornar à Terra como uma alma mais sábia, trazendo esse resultado das experiências do passado para suportar os eventos com que se defrontará na nova vida. Aqui, mais uma vez, as imagens mentais foram transmutadas, e não mais existem como imagens mentais. Elas só podem ser recuperadas em sua forma antiga a partir dos registros *kármicos*.

É a partir das imagens mentais das experiências, e mais especialmente daquelas que mostram como o sofrimento é consequência do desconhecimento da Lei, que a consciência nasce e se desenvolve. Durante as sucessivas vidas terrenas, a alma é constantemente levada pelo desejo a se precipitar impetuosamente atrás de qualquer objeto que a atraia; na busca de satisfação, ela contraria a Lei e cai, ferida e sangrando. Muitas dessas experiências ensinam-lhe que a busca por gratificações vai de encontro à Lei e é apenas fonte de dor; e quando, em algum novo período de vida terrena, o corpo-de-desejo quiser ansiosamente levar a alma para desfrutar algo que lhe seja prejudicial, a memória de experiências passadas se afirma como consciência, e clama em voz alta sua proibição, refreando os apressados cavalos dos sentidos, que de outro modo mergulhariam descuidadamente em busca dos objetos do desejo. No atual estágio de evolução, todas as almas, exceto as mais atrasadas, passaram por experiências suficientes para reconhecer os amplos contornos de "certo" e "errado", isto é, de harmonia com a Natureza Divina e de discórdia; e uma ampla e longa experiência permite à alma falar clara e definitivamente sobre estas questões fundamentais da ética. Mas sobre muitas questões mais elevadas e mais sutis, pertencentes ao estágio atual de evolução e não aos estágios que jazem atrás de nós, a experiência é tão restrita e insuficiente que ainda não se transformou em consciência, e a alma pode errar em sua decisão, por mais bem-intencionados que sejam seus esforços de ver com clareza e agir com retidão. Aqui, sua *vontade de obedecer* está de acordo com a Natureza Divina nos planos superiores, e sua incapacidade em ver *como* obedecer no plano inferior será remediada futuramente pela dor que sente quando age contrariamente à Lei: o sofrimento lhe ensinará o que ela antes não sabia, e suas experiências dolorosas serão transformadas em consciência, para preservá-la de dor semelhante no futuro, para lhe dar a alegria do conhecimento mais pleno de Deus na Natureza, em acordo autoconsciente com a Lei da Vida, da cooperação autoconsciente no trabalho da evolução. Até aqui, vemos como princípios definidos da lei *kármica*, operando com imagens mentais como causas, fazem com que:

Aspirações e desejos	*tornem-se*	capacidades
Pensamentos repetidos	*tornem-se*	tendências
Vontade de realizar	*torne-se*	ações
Experiências	*tornem-se*	sabedoria
Experiências dolorosas	*tornem-se*	consciência

A lei *kármica*, ao atuar com imagens astro-mentais, parece ser mais bem considerada sob o título de "atuação do *karma*", a que nos voltaremos agora.

A ATUAÇÃO DO *KARMA*

Quando a alma tiver esgotado seu período de vida no *devachan* e assimilado tudo que lhe for possível do material recolhido durante seu último período terreno, ela começa a ser novamente atraída de volta à Terra pelos laços de desejo que a prendem à existência material. O último estágio de seu período de vida, durante o qual ela se reveste para outra experiência de vida terrena, jaz agora perante ela, fechado pelo portal do nascimento.

A alma ultrapassa o limiar do *devachan* e penetra aquilo que tem sido chamado de "plano de reencarnação", trazendo consigo o resultado, pequeno ou grandioso, de seu trabalho *devachânico*. Se for apenas uma alma jovem, terá logrado apenas um pouco. O progresso nos estágios iniciais da evolução da alma é lento e até certo ponto mal compreendido pela maioria dos estudantes, e durante a infância da alma, os dias de vida sucedem-se um após outro exaustivamente, cada vida terrena semeando apenas poucas sementes, cada vida *devachânica* colhendo apenas poucos frutos. À medida que as faculdades se desenvolvem, o crescimento se acelera numa escala sempre crescente, e a alma que penetra o *devachan* com um grande estoque de material deixa-o com um grande incremento de faculdade, elaborado sob as leis gerais de que se falou anteriormente. Ela emerge do *devachan* vestida apenas naquele invólucro que resiste e cresce ao longo de todo o *manvantara*, cercada pela aura que a ela pertence como individualidade, mais ou menos gloriosa, multimatizada, luminosa, definida e extensiva segundo o estágio de evolução alcançado pela alma. Ela foi forjada no fogo celeste e surge como Rei Soma[34].

Passando para o mundo astral em sua jornada de volta à

---

[34] Um nome místico, cheio de significado para o estudante que compreende o papel desempenhado por Soma em alguns mistérios antigos.

Terra, a alma se veste novamente de um corpo-de-desejo, o primeiro resultado das operações de seu *karma* passado. As imagens mentais formadas durante o passado a partir de materiais supridos pela natureza do desejo, que estiveram latentes na consciência, ou o que H.P. Blavatsky costumava chamar de "privações de matéria", capazes de existir, mas fora da manifestação material, são agora projetadas pela alma, e imediatamente atraem para si, da matéria do plano astral, os elementos *kâmicos* apropriados às suas naturezas, que se tornam os apetites, as paixões e as emoções inferiores de seu (do Ego) corpo-de-desejo para sua nova encarnação. Quando este trabalho é completado – um trabalho, às vezes, muito breve, outras vezes de longa demora –, o Ego coloca-se na veste *kâmica* que preparou para si, pronto para ser "vestido", para receber das mãos dos agentes dos grandes Senhores do *Karma* o duplo etérico[35], construído para ele de acordo com os elementos que ele mesmo proveu, após o que será modelado seu corpo físico, a casa que ele deve habitar durante sua nova vida física. Portanto, o Ego Individual e o Ego Pessoal são imediatamente autoconstruídos, por assim dizer – aquilo em que ele pensou, naquilo ele se tornou; suas qualidades, seus "dons naturais", todas essas coisas são propriedade sua como resultado direto de seu pensamento. Na verdade, o homem é autocriado; responsável, no mais amplo sentido da palavra, por tudo que ele é.

Mas esse homem terá um corpo físico e um corpo etérico que, em grande medida, condicionarão o exercício de suas faculdades; ele viverá num determinado ambiente, e segundo esse ambiente serão suas circunstâncias externas. Ele trilhará uma senda marcada pelas causas que pôs em movimento, diferentes daquelas que aparecem como efeitos em suas faculdades, deparando-se com eventos agradáveis e dolorosos, resultantes das forças que

---

[35] Anteriormente chamado *Linga Sharīra*, denominação que deu origem a muita confusão.

gerou. Algo mais do que sua natureza individual e pessoal parece ser necessário. Como será provido o campo para suas energias? Como serão encontrados e adaptados os instrumentos de condicionamento e as circunstâncias reagentes? Aproximamo-nos de uma região da qual muito pouco se pode falar de maneira apropriada, visto tratar-se da região de poderosas Inteligências espirituais – cuja natureza está muito além do escopo de nossas mui limitadas faculdades, cuja existência pode verdadeiramente ser conhecida e cujas atuações podem ser rastreadas, mas com relação às quais permanecemos mais na posição ocupada por um dos animais inferiores menos inteligentes com relação a nós próprios –, pois um animal inferior pode saber que o homem existe, mas sem qualquer concepção do escopo e das operações da consciência humana. Esses Grandes Seres são chamados de *"Lipika"* e "Os Quatro *Mahārājahs"*. O quão pouco temos condições de saber a respeito dos *Lipika* pode ser visto a partir do trecho a seguir:

> Os *Lipika*, dos quais se pode encontrar uma descrição no Comentário 6 da Estância IV, são os Espíritos do Universo. [...] (Eles) pertencem à porção mais oculta da cosmogênese, que não pode ser aqui descrita. Quer os Adeptos – mesmo os mais elevados – conheçam esta ordem angélica na totalidade de seus graus tríplices, ou apenas o inferior ligado aos registros de nosso mundo, é algo que a escritora não está preparada para dizer, e ela tenderia à última suposição. A respeito do grau mais elevado desses Seres, uma única coisa é ensinada: os *Lipika* estão ligados ao *Karma*, sendo seus registradores diretos.[36]

Eles são os "Segundos Sete", e mantêm os registros astrais, repletos das imagens *akāshicas* de que anteriormente se falou. Eles estão ligados "ao destino de cada homem, e ao nascimento

---
[36] *A Doutrina Secreta, I* [de H.P. Blavatsky]

de cada criança"[37]. Eles fornecem "o molde do duplo etérico", que servirá como o tipo do corpo físico apropriado para a expressão das faculdades mentais e passionais desenvolvidas pelo Ego que está para aí residir, e Eles o entregam para "Os Quatro" – os *Mahārājahs*, Que "são os protetores da humanidade e também os agentes do *karma* na Terra"[38].

A respeito destes, H.P. Blavatsky escreve ainda, citando a Estância V do *Livro de Dzyan*:

> Quatro "Rodas Aladas em cada canto [...] para os Quatro Seres Sagrados e Seus Exércitos (Hostes)". São eles os "Quatro *Mahārājahs*", os Grandes Reis dos *Dhyān Chohans*, os *Devas*, Que presidem cada um dos quatro pontos cardeais. [...] Esses Seres estão também ligados ao *Karma*, já que estes últimos precisam de agentes físicos e materiais para levar a cabo seus decretos.[39]

Recebendo o molde – mais uma vez, a "privação de matéria" – dos *Lipika*, os *Mahārājahs* escolhem, para a composição do duplo etérico, os elementos adequados às qualidades que devem ser expressas através dele, e esse duplo etérico torna-se assim um instrumento *kármico* adequado ao Ego, dando-lhe igualmente a base para a expressão das faculdades que desenvolveu e das limitações que lhe impuseram seus próprios fracassos e oportunidades desperdiçadas no passado.

Este molde é guiado pelos *Mahārājahs* para o país, a raça, a família e o ambiente social que propiciem o campo mais favorável às operações do *karma* atribuídas ao particular período de vida em questão, aquilo que os hindus chamam de "*prārabdha*",

---

[37] *Ibid.*
[38] *Ibid.*
[39] *Ibid.*

ou *karma* inicial, isto é, aquilo que deve ser trabalhado no período de vida que se inicia. O *karma* acumulado do passado não pode ser trabalhado em uma única vida – nenhum instrumento poderia ser formado, nenhum ambiente poderia ser encontrado, apropriados à expressão de todas as faculdades lentamente desenvolvidas do Ego, nem proporcionar todas as circunstâncias necessárias para colher toda a safra semeada no passado, para descarregar todas as obrigações contraídas com relação a outros Egos com quem a alma encarnada esteve em contato no transcurso de sua longa evolução. Então, uma quantidade do *karma* total, que pode se acomodado para o período de uma vida, tem um duplo etérico apropriado para si, sendo o molde deste duplo guiado a um campo condizente. Ele é colocado onde o Ego possa entrar em relação com alguns desses Egos com os quais esteve relacionado no passado, que estejam encarnados no presente ou próximo à encarnação, durante seu próprio período de vida. É escolhido um país onde possam ser encontradas as condições religiosas, políticas e sociais que sejam adequadas a algumas de suas capacidades, e propiciado o campo para a ocorrência de alguns dos efeitos que gerou. É selecionada uma raça – sujeita, certamente, às leis mais amplas que afetam a encarnação das raças, sobre o que não podemos abordar aqui – cujas características assemelhem algumas das faculdades que estejam maduras para serem exercitadas, e cujo tipo convenha à alma que chega. É encontrada uma família na qual a hereditariedade física tenha desenvolvido os tipos de materiais físicos que, inseridos no duplo etérico, irão adaptar-se à sua constituição; uma família cuja organização física geral ou especial permitirá movimento às naturezas mental e passional do Ego.

Das múltiplas qualidades existentes na alma e dos múltiplos tipos físicos existentes no mundo, podem-se selecionar tipos adaptados entre si, pode ser construído um invólucro apropriado para o Ego que espera, um instrumento e um campo através dos quais parte de seu *karma* possa ser esgotado. Apesar de o conhecimento e o poder requeridos para tais adaptações serem insondáveis às nossas curtas linhas de prumo, ainda assim, podemos ver vagamente que as adaptações podem ser feitas e que a justiça perfeita pode ser exercida. A teia de destino do homem deve ser, de fato, composta de fios que para nós são inumeráveis e que precisem ser tecidos num padrão de complexidade inconcebível para nós; um fio pode desaparecer – ele apenas passou para o lado de baixo, para logo surgir na superfície novamente; um outro fio pode subitamente aparecer – ele apenas reemergiu no lado superior depois de um longo trânsito nas profundezas; vendo apenas um fragmento da teia, o padrão pode ser indistinguível à nossa miopia. Como escreveu o sábio Jâmblico:

> O que para nós parece ser uma exata definição de justiça não parece ser assim aos Deuses. Pois nós, olhando para aquilo que é mais transitório, dirigimos nossa atenção a coisas presentes, a esta vida momentânea e ao modo no qual ela subsiste. Mas os Poderes que são superiores a nós conhecem toda a vida da Alma e todas as suas vidas prévias.[40]

Esta afirmação de que "a justiça perfeita governa o mundo" encontra suporte no crescente conhecimento da alma em evolução; pois à medida que ela avança e começa a ver nos planos superiores, transmitindo seu conhecimento à consciência de vigília, assimilamos com progressiva certeza, e portanto com alegria sempre crescente, que a Boa Lei está atuando com exatidão constante, que seus Agentes aplicam-na em toda parte com perspicácia infalível, com força inexaurível, e que portanto tudo está muito bem com o mundo e com suas almas em luta. Através das

---

[40] *Sobre os Mistérios*, IV, 4.

trevas ecoa o grito – "Tudo está bem" – das almas sentinelas que carregam a lâmpada da Sabedoria Divina através dos caminhos obscuros de nossa colmeia humana.

Podemos ver alguns dos princípios da atuação da Lei, e o conhecimento desses princípios nos ajudará no rastreamento das causas e na compreensão dos efeitos.

Já vimos que *pensamentos constroem o caráter*; agora compreendamos que *ações criam o ambiente*.

Nesse ponto, temos de lidar com um princípio geral cujo efeito é de longo alcance, e convém detalhá-lo um pouco. Por meio de suas ações, o homem afeta o seu próximo no plano físico; ele propaga felicidade ou causa dor à sua volta, aumentando ou diminuindo a soma do bem-estar humano. Este aumento ou diminuição de felicidade pode ser devido a motivos muito diferentes – bons, ruins ou mistos. Um homem pode praticar um ato que proporcione grande alegria por pura benevolência, pelo anelo de propiciar felicidade a seu próximo. Digamos que, a partir de tal motivação, ele presenteia a cidade com um parque para o livre uso de seus habitantes; um outro pode praticar ato semelhante por mera ostentação, pelo desejo de atrair a atenção daqueles que podem lhe conceder honrarias sociais (digamos, ele poderia doar o parque como moeda de troca para conseguir um título); um terceiro homem pode doar um parque por múltiplos motivos, em parte altruístas, em parte egoístas. Os motivos afetarão, respectivamente, o caráter desses três homens em suas encarnações futuras, aperfeiçoando-o, degradando-o ou produzindo pequenos resultados. Mas o efeito da ação em proporcionar felicidade a grande número de pessoas não depende da motivação do doador. As pessoas desfrutarão o parque igualmente, não importando o que possa ter motivado sua doação; e esse desfrute, devido à ação do doador, estabelece com ele um crédito *kármico* sobre a Natureza, que lhe é devido e que será escrupulosamente pago. Ele receberá um ambiente físico confortável ou luxuoso por ter proporcionado ampla alegria física, e o sacrifício que fez de sua riqueza física trará a ele a devida recompensa, o fruto *kármico* de sua ação. Isto é direito seu; mas o uso que ele faz de sua posição, a felicidade que deriva de sua riqueza e de seu ambiente, dependerá principalmente de seu caráter; e aqui, mais uma vez, a justa recompensa cabe a ele, *cada* semente produzindo a colheita correspondente.

O serviço prestado à plena medida da oportunidade numa vida produzirá, como efeito, maiores oportunidades de serviço em outra. Assim, aquele que ajudou, numa esfera muito limitada, a cada um que cruzou seu caminho nascerá, numa vida futura, numa condição onde as oportunidades para dar auxílio efetivo serão muitas e de longo alcance.

Ademais, as oportunidades desperdiçadas reaparecem transmutadas em limitações do instrumento e infortúnios no ambiente. Por exemplo, o cérebro do duplo etérico será defeituoso, produzindo assim um cérebro físico igualmente defeituoso; o Ego planejará, mas descobrirá que lhe falta habilidade de execução; ou apreenderá uma ideia, mas será incapaz de gravá-la com clareza no cérebro. As oportunidades desperdiçadas são transformadas em desejos frustrados, que não conseguem encontrar expressão, em anelos por prestar assistência bloqueados pela ausência de poder de ajudar, seja por incapacidade ou por falta de oportunidade.

Este mesmo princípio atua frequentemente pelo rompimento afetivo com um filho amado, ainda criança ou adolescente. Se um Ego trata grosseiramente ou negligencia alguém a quem deve respeito e proteção afetivos, ou algum tipo de serviço, é muito provável que nasça novamente em íntimo relacionamento com a pessoa negligenciada, e talvez seja ternamente ligado a ela apenas para a morte prematura arrebatá-lo dos braços; o pobre parente desprezado pode reaparecer como um herdeiro muito honrado, filho único, e quando os pais encontram a casa desolada, eles se admiram dos "caminhos desiguais da Providência", que os privam de seu único filho, sobre quem todas as suas esperanças estavam depositadas, deixando intocadas as muitas crianças de sua vizinhança. Contudo, os caminhos do *karma* são iguais, embora estejam além da possibilidade de serem revelados, salvo por aqueles cujos olhos foram abertos.

Os defeitos congênitos resultam de um duplo etérico defeituoso, e são penalidades que duram por toda a vida por graves rebeliões contra a Lei ou por injúrias infligidas aos outros. Todas essas coisas surgem a partir da atuação dos Senhores do *Karma*, e são a manifestação física das deformidades compelidas pelos erros do Ego, por seus excessos e defeitos, no molde do duplo etérico por eles criados. Igualmente, da justa administração que os Senhores do *Karma* fazem da Lei, vem a tendência de reproduzir uma doença de família, pela configuração apropriada do duplo etérico e seu direcionamento para uma família na qual a referida doença seja hereditária e lhe permita o "plasma contínuo" conveniente ao desenvolvimento dos germes.

O desenvolvimento de faculdades artísticas – para tomar um outro tipo de qualidade – será respondido pelos Senhores do *Karma* ao proverem um molde para o duplo etérico segundo o qual um sistema nervoso delicado possa ser fisicamente construído, e muitas vezes guiando-o para uma família em cujos membros a faculdade especial desenvolvida pelo Ego tenha encontrado expressão, às vezes por muitas gerações. Para expressão de uma faculdade musical, por exemplo, é necessário um corpo físico peculiar – com grande sensibilidade de ouvido e de tato –, e tal delicadeza será mais conducente por uma hereditariedade física apropriada.

A prestação de serviço ao homem coletivamente, tal como por meio de algum livro ou discurso nobre, pela disseminação de ideias que elevam, seja pela escrita ou pela fala, é novamente um crédito sobre a Lei, escrupulosamente cumprido por seus poderosos Agentes. Esse auxílio prestado retorna ao doador como assistência mental e espiritual, que é sua por direito.

Desse modo, podemos apreender os amplos princípios da atuação *kármica*, os papéis desempenhados pelos Senhores do *Karma* e pelo próprio Ego no destino do indivíduo. O Ego supre todos os materiais, os quais, segundo sua natureza, são usados pelos Senhores ou pelo Ego: este constrói o caráter, evoluindo gradualmente; Aqueles constroem um molde que limita, escolhem o ambiente, e geralmente adaptam e ajustam para que a Boa Lei possa encontrar expressão infalível, apesar das conflituosas vontades do homem.

ENFRENTANDO OS RESULTADOS *KÁRMICOS*

Ao reconhecerem pela primeira vez a existência da Lei do *Karma*, eventualmente as pessoas supõem que, se tudo corresponde à atuação da Lei, elas são simples escravas impotentes do destino. Antes de considerarmos como a Lei pode ser utilizada para o controle do destino, estudemos um caso típico, e vejamos como a necessidade e o livre arbítrio – para usar os termos aceitos – estão atuando, e atuando em harmonia.

Um homem mediano, digamos, chega ao mundo com certas faculdades mentais inatas, com uma natureza passional evidenciando características definidas, algumas boas, outras más, e com um duplo etérico e um corpo físico razoavelmente bem formados e saudáveis, mas sem nenhuma característica razoavelmente notável. Estas são suas limitações, claramente delimitadas para ele. Quando atinge a fase adulta, ele se encontra com este estoque mental, passional, astral e físico "à mão", com o qual tem de fazer o melhor possível. Existem muitas alturas mentais que ele é definitivamente incapaz de alcançar, concepções mentais que seus poderes não lhe permitem apreender; há tentações às quais sua natureza passional cede, embora ele se esforce contra elas; e ainda êxitos de força e habilidade físicas que ele não consegue alcançar; em suma, ele percebe que não consegue pensar como pensa um gênio da mesma forma como não pode ser tão belo quanto um Apolo. Ele está dentro de um anel limitante e não consegue ultrapassá-lo, por mais que possa ansiar por liberdade. Ademais, ele não consegue evitar problemas de muitos tipos que o atingem, e mal consegue suportar suas dores; ele não consegue escapar da dor. Esse é seu quadro atual. O homem está limitado por seus pensamentos passados, por suas oportunidades perdidas, por suas escolhas equivocadas, por suas tolas fraquezas; ele está preso por seus desejos esquecidos, acorrentado pelos erros de outrora. E contudo *ele, o Homem Verdadeiro*, não está preso. Aquele que criou o passado, que lhe aprisiona o presente, pode atuar de dentro da prisão e criar um futuro de liberdade. Mais ainda, basta que ele *saiba* que ele próprio é livre e os grilhões se desintegrarão de seus pés; a capacidade ilusória de sua prisão diminuirá segundo a medida de seu conhecimento. Mas para o homem comum, a quem o conhecimento virá como uma centelha, não como uma chama, o primeiro passo em direção à liberdade será aceitar suas limitações como sendo de sua própria criação e buscar superá-las. É verdade, ele não consegue pensar como um gênio ainda, mas pode buscar o melhor dentro de suas faculdades, e aos poucos se tornará um gênio; ele pode criar poder para o futuro, e o obterá. Na verdade, ele não consegue livrar-se de suas tolices passionais repentinamente, mas pode lutar contra elas; e se falhar, poderá continuar lutando, certo de que logo conseguirá. Em verdade, ele tem fraquezas e fealdades físicas e astrais, mas à medida que seus pensamentos se fortalecerem, purificados e belos, e sua atuação se tornar benéfica, ele estará assegurando para si formas mais perfeitas em dias vindouros. Ele é sempre ele mesmo, a alma livre; em meio à sua prisão, ele pode derrubar as paredes que ele próprio construiu. Ele não tem nenhum carcereiro senão ele próprio: ele pode almejar sua liberdade, e ao almejá-la irá atingi-la.

    Ele se defronta com um problema; ele está em luto por um amigo perdido ou comete uma falta grave. Assim seja; ele pecou como pensador no passado, ele sofre como ator no presente. Mas seu amigo não está perdido; os laços de afeição os mantêm unidos, e no futuro irá encontrá-lo novamente. Enquanto isso, há tantos outros à sua volta a quem ele pode oferecer os préstimos que teria derramado sobre seu amigo querido; e ele não negligenciará novamente os deveres que são seus semeando perdas similares em vidas futuras. Ele cometeu um erro evidente e sofre sua punição; mas ele o pensou no passado, de outro modo não poderia ter cometido o erro agora. Ele suportará pacientemente a penalidade que adquiriu com seu pensamento, e portanto agora ele pensará de maneira tal que seus amanhãs sejam livres de desonra. Naquilo que eram trevas, penetrou um raio de luz, e a luz está cantando para ele:

> *Oh! Vós que sofreis! Sabei que*
> *Sofreis por vós próprios. Ninguém mais vos impele.*

A Lei que parecia lhe agrilhoar tornou-se asas, pois por meio da Lei ele pode elevar-se a regiões às quais, sem ela, só chegaria em sonhos.

CONSTRUINDO O FUTURO

Multidões de almas vagueiam ao longo da morosa corrente do tempo. À medida que a Terra gira, leva-as consigo; à medida que globo sucede globo, elas também passam de um a outro. Mas a Religião-Sabedoria novamente proclama ao mundo que todos que quiserem podem deixar de andar à deriva e aprender a ultrapassar a lenta evolução dos mundos.

Quando apreende algo do significado da Lei, de sua certeza absoluta, de sua exatidão infalível, o estudante começa a cuidar de si e a supervisionar ativamente sua própria evolução. Ele inspeciona seu próprio caráter, e então age para manipulá-lo, praticando deliberadamente qualidades mentais e morais, ampliando capacidades, fortalecendo fraquezas, suprindo deficiências, removendo excrescências. Sabendo que ele se torna aquilo em que medita, resoluta e regularmente ele medita sobre um nobre ideal, pois compreende por que o grande iniciado cristão Paulo ordenou a seus discípulos que "pensassem" em coisas que são verdadeiras, honestas, justas, puras, amorosas e de boa reputação. Diariamente ele meditará sobre seu ideal; diariamente se esforçará por vivê-lo; e fará isso persistente e calmamente, "sem pressa e sem descanso", pois sabe que está construindo sobre uma fundação segura, sobre a rocha da Lei Eterna. Ele recorre à Lei; encontra refúgio na Lei. Para um homem assim, o fracasso não existe; não há poder no céu ou na terra que possa obstruir seu caminho. Durante a vida terrena, ele acumula suas experiências utilizando tudo que cruza seu caminho; durante o *devachan*, ele as assimila e planeja a construção de seu futuro.

Aqui está o valor de uma verdadeira teoria de vida, mesmo enquanto a teoria repousa no testemunho de outros e não no conhecimento individual. Quando o homem compreende parcialmente e aceita a atuação do *karma*, ele pode de imediato começar essa construção do caráter, assentando cada pedra com cuidado deliberado, sabendo que está construindo para a eternidade. Não mais há construções e demolições apressadas, trabalhando um plano hoje, outro amanhã e absolutamente nenhum no dia seguinte; mas existe o projeto de um bem elaborado esquema de formação do caráter, por assim dizer; e ocorre então a construção segundo o esquema, pois a alma torna-se o arquiteto e o construtor, não perdendo tempo em inícios abortivos. Daí a velocidade com que os estados posteriores de evolução são alcançados, o progresso impressionante, quase inacreditável, realizado pela alma forte em sua maioridade.

MOLDANDO O *KARMA*

O homem que deliberadamente tomou a decisão de construir o futuro compreenderá, à medida que aumenta seu conhecimento, que ele pode fazer mais do que moldar seu próprio caráter, criando assim seu futuro destino. Ele começa a entender que está verdadeiramente no centro das coisas, um ser vivo, ativo, autodeterminante, e que pode atuar também sobre as circunstâncias da mesma forma que sobre si próprio. Há muito ele se acostumou a seguir as grandes leis éticas, formuladas pelos Instrutores Divinos para a orientação da humanidade, Seres nascidos de era em era; e agora ele apreende o fato de que essas leis estão baseadas sobre princípios fundamentais na Natureza, e que moralidade é ciência aplicada à conduta. Ele vê que, em sua vida diária, consegue neutralizar os maus resultados, que resultariam de alguma má ação, ao incidir uma força correspondente para o bem sobre o mesmo ponto.

Um homem envia-lhe um pensamento mau; ele poderia responder com um outro do mesmo tipo, e então as duas formas-pensamento, correndo juntas como duas gotas d'água, seriam reforçadas, fortalecidas uma pela outra. Mas ele, em cuja direção está voando o mau pensamento, é um conhecedor do *karma*; enfrenta a forma maligna com a força da compaixão, e a destrói; a forma aniquilada não pode mais ser animada pela vida elemental; a vida se dissolve de volta a si própria; a forma se desintegra. E assim seu poder para o mal é destruído pela compaixão, e o "ódio cessa com o amor". As formas ilusórias de falsidade transitam no mundo astral; o homem de conhecimento lança contra elas formas a partir da Verdade; a pureza destrói a infâmia, e a caridade a avidez egoísta. À medida que aumenta o conhecimento, esta ação torna-se direta e intencional, e o pensamento é dirigido com intenção definida, dotado de uma poderosa vontade. Assim, o *karma* ruim é detido em sua própria concepção, e nada resta para criar um laço *kármico* entre aquele que lançou o dardo da injúria e aquele que o calcinou pelo perdão. Os Instrutores Divinos, que falaram como homens que tinham autoridade sobre o dever de sobrepujar o mal com o bem, basearam seus preceitos sobre o conhecimento que tinham da Lei; Seus seguidores, que obedecem sem ver plenamente a fundação científica do preceito, diminuem o pesado *karma* que seria gerado se respondessem ao ódio com ódio. Mas os homens que possuem o conhecimento destroem deliberadamente as formas más, compreendendo os fatos sobre os quais os ensinamentos dos Mestres sempre estiveram baseados; e ao esterilizarem a semente do mal, evitam uma futura colheita de dor.

Num estágio comparativamente avançado – se comparado com o estágio da média da humanidade, que segue lentamente à deriva –, o homem não apenas construirá seu próprio caráter e trabalhará com intenção deliberada sobre as formas-pensamento que a ele se dirijam, mas também começará a ver o passado e assim julgará o presente mais acertadamente, rastreando causas *kármicas* até os seus efeitos. Ele se torna conscientemente capaz de modificar o futuro ao colocar em ação forças destinadas a interagirem com outras já em movimento. O conhecimento lhe permite utilizar a Lei com a mesma certeza com que o cientista a utiliza em cada departamento da Natureza.

Façamos uma pequena pausa para considerar as leis do movimento. Um corpo foi posto em movimento, e está se movendo ao longo de uma linha definida; se uma outra força for levada a exercer pressão sobre ele, diferindo em direção daquela que lhe deu o impulso inicial, o corpo se moverá ao longo de uma nova linha, composta dos dois impulsos. Nenhuma energia se perderá, mas parte da força que deu o impulso inicial será usada para neutralizar parcialmente a nova força; e a direção resultante, ao longo da qual o corpo se moverá, não será nem da primeira força nem da segunda, mas da interação de ambas. Um físico consegue calcular exatamente em que ângulo deve atingir um corpo em movimento para fazer com que ele se mova numa direção desejada, e embora o corpo em si possa estar além do seu alcance físico imediato, ele pode enviar até o corpo uma força com velocidade calculada para atingi-lo num ângulo definido, desviando-o assim de sua rota prévia, impelindo-o ao longo de uma nova linha. Nisto não há violação da lei, não há interferência com a lei; somente a utilização da lei pelo conhecimento, ao se fazer curvarem as forças naturais para realizar o propósito da vontade humana. Se aplicarmos este princípio à moldagem do *karma*, veremos de imediato – afora o fato de que a Lei é inviolável – que não há "interferência com o *karma*" quando modificamos sua ação pelo conhecimento. Estamos usando força *kármica* para afetar resultados *kármicos*, e mais uma vez conquistamos a Natureza pela obediência.

    Suponhamos agora que o estudante avançado, recuando no passado, veja linhas de *karma* pretérito de um tipo indesejável convergindo para um ponto de ação; ele pode introduzir uma nova força entre as energias convergentes, modificando assim o evento, que deve ser a resultante de *todas* as forças envolvidas em sua geração e maturação. Para uma ação assim, ele precisa de conhecimento, não apenas do poder de ver o passado e rastrear as linhas que o ligam ao presente, mas também de calcular exatamente a influência que a força que ele introduz exercerá como modificadora da resultante, e ainda os efeitos que redundarão desta resultante considerada como causa. Desta maneira, ele pode diminuir ou destruir os resultados de males forjados por ele mesmo no passado, pelas boas forças que derrama sobre sua corrente *kármica*; ele não pode desfazer o passado, não pode destruí-lo, mas até o ponto em que seus efeitos ainda estejam no futuro, ele pode modificá-los ou revertê-los por novas forças que mobiliza como causas participantes da produção desses resultados. Em tudo isto, ele está simplesmente utilizando a Lei, e trabalha com a certeza do cientista, que equilibra uma força contra outra e, incapaz de destruir uma unidade de energia, consegue ainda fazer um corpo mover-se como ele deseja pelo cálculo de ângulos e velocidade. De modo semelhante, o *karma* pode ser acelerado ou retardado, e assim mais uma vez sofrerá modificação pela ação das circunstâncias em meio às quais se desenvolveu.

Vejamos novamente a mesma coisa de um modo um pouco diferente, pois a concepção é importante e fecunda. À medida que o conhecimento cresce, torna-se cada vez mais fácil livrar-se do *karma* do passado. Visto que todas as causas que estão atuando para sua realização chegam à visão da alma que se aproxima de sua libertação quando ela lança um olhar sobre suas vidas passadas, já que tem um vislumbre dos séculos ao longo dos quais esteve lentamente se elevando, a alma é capaz de ver o modo como seus laços foram criados, as causas que os puseram em movimento; é capaz de ver quantas dessas causas já atuaram e se extinguiram, e quantas ainda estão se desenvolvendo. Ela é capaz não apenas de olhar para trás, mas também de olhar para frente e ver os efeitos que essas causas produzirão. Assim, olhando para frente, os efeitos que serão produzidos são vistos, e olhando para trás, as causas que produziram esses efeitos também são visíveis. Não há dificuldade em se supor que da mesma maneira que se descobre, na natureza física comum, que o conhecimento de certas leis nos permite predizer um resultado e ver a lei que produz esse resultado, que possamos transferir esta ideia para um plano superior e imaginar uma condição da alma desenvolvida na qual ela seja capaz de ver as causas *kármicas* que pôs em movimento atrás de si, e também os efeitos *kármicos* através dos quais tende a atuar no futuro.

Com esse conhecimento das causas e uma visão de sua atuação, é possível introduzir novas causas para neutralizar esses efeitos; utilizando a Lei, ao confiar plenamente em seu caráter imutável e invariável, e calculando cuidadosamente a força a ser posta em movimento, é possível criar no futuro aqueles efeitos que desejamos. Isto é uma simples questão de cálculo. Suponhamos que vibrações de ódio foram postas em movimento no passado; podemos começar a trabalhar deliberadamente para suprimir essas vibrações e evitar seu desenvolvimento no presente e no futuro opondo-lhes vibrações de amor. Exatamente da mesma maneira, podemos ter uma onda de som, e depois uma segunda onda, e enviar as duas em sequência, uma um pouco depois da outra, de forma que as vibrações da parte mais densa de uma correspondam à parte mais sutil da outra, e assim, a partir de sons, podemos criar silêncio por interferência. Do mesmo modo, nas regiões superiores, é possível, por meio de vibrações de amor e ódio usadas pelo conhecimento e controladas pela vontade, pôr fim a causas *kármicas* e alcançar o equilíbrio, que é uma outra expressão de "libertação". Este conhecimento, no entanto, está além do alcance da grande maioria. Ao decidir utilizar a ciência da alma, o que a maioria consegue fazer é, a partir da evidência de peritos no assunto, apreender os preceitos morais dos grandes Instrutores religiosos do mundo e, por obediência a esses preceitos – a que a intuição responde, embora possa não entender o método de seu funcionamento –, conseguir aquilo que pode também ser realizado pelo conhecimento definido e deliberado. Portanto, devoção e obediência a um Instrutor podem funcionar com relação à libertação da mesma forma como o conhecimento o faria.

    Aplicando esses princípios a cada direção, o estudante começará a compreender como o homem está em desvantagem devido à ignorância e como é grande o papel desempenhado pelo conhecimento na evolução humana. Os homens andam à deriva porque não sabem; são impotentes porque são cegos. Aquele que quiser terminar seu curso mais rapidamente do que o fará a massa comum da humanidade, que quiser ir à dianteira da multidão indolente "como o cavalo de corrida deixa para trás o rocinante", precisará de sabedoria e amor, de conhecimento e devoção. Não há necessidade de ele desgastar lentamente os elos de correntes há muito tempo forjadas; ele pode limá-los rapidamente e livrar-se deles tão eficazmente como se eles tivessem enferrujado lentamente.

A CESSAÇÃO DO *KARMA*

O *karma* sempre nos traz de volta ao renascimento, prende-nos à roda de nascimentos e mortes. O bom *karma* arrasta-nos de volta tão implacavelmente quanto o mau *karma*, e a corrente que é forjada a partir de nossas virtudes nos prende tão firme e intimamente quanto aquela forjada a partir de nossos vícios. Como, então, terá fim a tessitura da corrente, uma vez que o homem deve pensar e sentir enquanto viver, e pensamentos e sentimentos estão sempre gerando *karma*? A resposta a esta pergunta é a grande lição do *Bhagavad-Gītā*, a lição ensinada ao príncipe guerreiro. Essa lição não foi ensinada nem ao eremita nem ao estudante, mas ao guerreiro que luta pela vitória, ao príncipe imerso nos deveres de sua condição humana.

Não é na ação mas no desejo, não é na ação mas no apego a seus frutos que jaz a vinculante força da ação. Se uma ação é realizada com o desejo de gozar seus frutos, um procedimento é adotado com o desejo de obter os resultados; a alma está esperançosa e a Natureza deve responder a essa esperança, ela exigiu e a Natureza deve conceder. A cada causa está preso seu efeito, a cada ação seu fruto, e o desejo é o cordão que os une todos, o fio que corre em meio a eles. Se isso puder ser calcinado, a conexão cessará; e quando todos os elos do coração estiverem rompidos, a alma estará livre. Então, o *karma* não mais pode detê-la; o *karma* não mais pode prendê-la; a roda de causa e efeito pode continuar a girar, mas a alma tornou-se a Vida liberta.

> Portanto, sem apego, cumpre constantemente a ação que é dever, pois, cumprindo a ação sem apego, o homem verdadeiramente alcança o Supremo.[41]

---

[41] *Bhagavad-Gītā*, III, 19 [Editora Teosófica].

Para realizar este *karma-yoga* – *yoga* da ação, como é chamado –, o homem deve realizar cada ação simplesmente como dever, fazendo tudo em harmonia com a Lei. Buscando estar em conformidade com a Lei em qualquer plano de existência no qual esteja ocupado, ele almeja tornar-se uma força que atua com a Vontade Divina para a evolução, e demonstra uma perfeita obediência em cada fase de sua atividade. Assim, todas as suas ações participam da natureza do sacrifício e são oferecidas para o giro da Roda da Lei, não por algum fruto que possa trazer; a ação é realizada como dever, sendo o fruto alegremente doado para auxiliar os homens; ele não tem qualquer interesse no fruto, pois ele pertence à Lei, e à Lei ele o deixa para distribuição.

E assim lemos:

> Aquele cujas obras estão totalmente livres da moldagem do desejo, aquele cujas ações são queimadas com o fogo da sabedoria, os doutos o chamam Sábio.
>
> Após abandonar o apego ao fruto da ação, sempre contente, sem buscar refúgio em parte alguma, não faz coisa alguma, embora realize ações.
>
> Sem esperar nada, com sua mente e seu eu controlados, abandonada toda cobiça, cumprindo a ação somente com seu corpo, não comete pecado.
>
> Contente com tudo quanto obtém sem esforço, livre dos pares de opostos, sem inveja, equilibrado no sucesso e no fracasso, ainda que aja, não está preso.
>
> Aquele que é harmonioso, com seus pensamentos estabelecidos na sabedoria, e em quem os apegos estão mortos, sacrifica suas obras, e todas as suas ações se dissipam.[42]

Corpo e mente desenvolvem suas plenas atividades. Com o corpo é realizada toda ação corporal; com a mente toda ação men-

---

[42] *Bhagavad-Gītā*, IV, 19-23 [Editora Teosófica].

tal. Mas o SER permanece sereno, imperturbado, não permitindo que de sua essência eterna sejam forjadas as correntes do tempo. A reta ação jamais é negligenciada, mas fielmente realizada até o limite do poder disponível; a renúncia de apego ao fruto não implica qualquer indolência ou negligência na ação:

> Tal como o ignorante age por apego à ação, Oh Bhārata, do mesmo modo deve o sábio agir sem apego, desejando o bem-estar do mundo.
> Que nenhum homem sábio inquiete a mente de pessoas ignorantes apegadas à ação, mas sim que ele torne atrativa toda a ação, agindo em harmonia Comigo.[43]

O homem que alcança este estado de "inação na ação" aprendeu o segredo da cessação do *karma*: por meio do conhecimento, ele destrói a ação que gerou no passado, calcina a ação do presente pela devoção. É então que ele atinge o estado de que fala "João, o divino" na *Revelação*, no qual o homem não mais sai do Templo. Pois a alma sai do Templo muitas e muitas vezes para as planícies da vida, mas chega um momento onde ela se torna um pilar, "um pilar no Templo de meu Deus"; esse Templo é o universo das almas libertas, e somente aqueles que não estão presos a nada podem, por si próprios, estar unidos a todos em nome da Vida Una.

Assim, esses elos de desejo, de desejo pessoal, não de desejo individual, devem ser rompidos. Podemos ver como começará esse rompimento; e aqui surge um erro que muitos jovens estudantes estão propensos a cometer, um equívoco tão natural e tão fácil que está constantemente ocorrendo. Não é tentando aniquilar o coração que rompemos os "elos do coração". Não é tentando nos transformar em pedras ou peças de metal, incapazes de ter

---

[43] *Bhagavad-Gītā*, III, 25-26 [Editora Teosófica].

sentimentos, que nós quebramos os elos do desejo. O discípulo torna-se mais sensível, e não menos, à medida que se aproxima de sua libertação, tornando-se mais terno e não mais frio; pois o "discípulo perfeito, que é como o Mestre", é alguém que responde a toda pulsação no universo externo, que é tocado por tudo e a tudo responde, que sente e reage a tudo; simplesmente porque não deseja nada para si, é capaz de dar tudo a todos. Um indivíduo assim não pode ser retido pelo *karma*, ele não forja elos para prender a alma. À medida que o discípulo torna-se cada vez mais um canal de Vida Divina para o mundo, ele nada pede exceto ser esse canal, com um leito cada vez mais amplo ao longo do qual a grandiosa Vida possa fluir: seu único desejo é que possa tornar-se um receptáculo maior, gradativamente com menos obstáculos em si que impeçam a efusão da Vida. Trabalhar única e exclusivamente para servir, essa é a vida do discipulado, na qual os elos que aprisionam são rompidos.

Mas há um elo que jamais se rompe, o elo daquela verdadeira unidade que não é uma prisão, pois não pode ser vista como algo separado, mas aquilo que liga o Uno ao Todo, o discípulo ao Mestre, o Mestre a seu discípulo; a Vida Divina que sempre nos eleva, e que não nos prende à roda de nascimento e morte. Somos atraídos de volta à Terra – primeiramente pelo desejo do que aí desfrutamos, depois pelos desejos cada vez mais elevados que ainda têm a Terra como sua esfera de realização – para conhecimento espiritual, crescimento espiritual e devoção espiritual. Tendo realizado a perfeição, o que ainda prende os Mestres ao mundo dos homens? Nada que o mundo a Eles possa oferecer – não há conhecimento na Terra que Eles não possuam; não há poder na Terra que Eles não dominem; não há experiência ulterior que possa enriquecer Suas vidas; nada há que o mundo Lhes possa dar, que possa atraí-Los de volta ao nascimento. No entanto, Eles vêm porque uma compulsão divina, tanto interna quanto externamente, os envia à Terra – senão poderiam partir para sempre; vêm para ajudar seus irmãos, para trabalhar século após século, milênio após milênio, pela contentamento e pelo serviço que tornam Seu amor e paz inefáveis, embora nada haja que a Terra Lhes possa dar senão a alegria de ver outras almas crescendo à Sua semelhança, começando a compartilhar com Eles a vida consciente de Deus.

O *KARMA* COLETIVO

A reunião de almas em grupos que formam famílias, castas, nações e raças acrescenta um novo elemento de complexidade aos resultados *kármicos*, e é aqui que se encontra espaço para os chamados "acidentes", como também para os ajustes que continuamente estão sendo feitos pelos Senhores do *Karma*. Embora nada que não esteja "em seu *karma*" como indivíduo possa sobrevir a um homem, ele pode obter proveito, digamos, de uma catástrofe nacional ou sísmica para livrar-se de um mau *karma* que, em condições normais, não ocorreria no período de vida pelo qual está passando. Parece ainda – posso falar apenas de maneira especulativa, não possuindo conhecimento preciso sobre este ponto – que uma morte súbita não poderia ceifar o corpo de um homem a não ser que ele tenha esse débito para com a Lei, não importando em que desastre catastrófico ele possa ser lançado; ele seria aquilo que é chamado "salvo por milagre" em meio à morte e ruína que arrasou seus vizinhos, e emergiria ileso da tempestade ou da deflagração ígnea. Mas se ele tivesse esse débito de vida e fosse arrastado por seu *karma* nacional ou familiar para o interior da área de tal perturbação, então, embora a morte súbita não estivesse tecida em seu duplo etérico para essa vida específica, nenhuma interferência ativa poderia ser feita para sua preservação. Subsequentemente, haveria um cuidado com relação a ele para que não sofresse indevidamente pelo súbito arrebatamento da vida terrena, mas lhe seria permitido pagar seu débito no surgimento de tal oportunidade, trazida até ele pelo mais amplo alcance da Lei, pelo *karma* coletivo que o envolve.

Similarmente, podem advir-lhe benefícios por esta ação indireta da Lei, como quando ele pertence a uma nação que está desfrutando os efeitos de algum bom *karma* nacional; assim, ele pode receber algum crédito que lhe é devido pela Natureza cujo pagamento não fazia parte de sua sorte atual, caso seja levado em consideração apenas o seu *karma* individual.

    O nascimento de um homem numa nação particular é influenciado por certos princípios gerais de evolução como também por suas características imediatas. A alma, em seu lento desenvolvimento, não apenas tem de atravessar as sete Raças-Raízes de um globo (trato aqui da evolução normal da humanidade), mas também as sub-raças. Esta necessidade impõe certas condições, às quais deve adaptar-se o *karma* individual, e uma nação pertencente à sub-raça através da qual a alma tem de passar oferecerá a área dentro da qual devem ser encontradas as condições especiais mais necessárias. Ao se rastrear uma longa série de encarnações, descobriu-se que alguns indivíduos progridem de sub-raça em sub-raça com muita regularidade, enquanto outros são mais irregulares, tendo por vezes repetidas encarnações em uma mesma sub-raça. Dentro dos limites da sub-raça, as características individuais do homem irão atraí-lo para uma nação ou outra, e podemos notar características nacionais dominantes ressurgirem *en bloc* no palco da história após o intervalo normal de mil e quinhentos anos. Assim, multidões de romanos reencarnam como ingleses, e o empreendedorismo, a colonização, a conquista e os instintos imperiais reaparecem como atributos nacionais. Um homem em quem tais características nacionais fossem fortemente marcantes, e para quem chegasse o momento do renascimento, seria arrastado para a nação inglesa por seu *karma*, e então compartilharia esse destino nacional para o bem ou para o mal até o ponto em que ele afetasse a sina do indivíduo.

    Naturalmente, o laço familiar tem um caráter mais pessoal do que o nacional, e aqueles que criam elos em íntima afeição em uma vida tendem a ser atraídos novamente como membros da mesma família. Às vezes, esses laços se sucedem muito persistentemente vida após vida, e os destinos de dois indivíduos ficam muito intimamente entrelaçados em sucessivas encarnações. Eventualmente, em consequência de diferentes permanências no *devachan*, necessárias pelas diferenças de atividade intelectual e espiritual durante as vidas terrenas passadas juntos, os membros de uma família podem ser espalhados e não se encontrarem novamente por várias encarnações. De maneira geral, quanto mais íntimo o laço nas regiões superiores da vida, maior a possibilidade de renascimento num grupo familiar. Aqui, mais uma vez, o *karma* do indivíduo é afetado pelos *karmas* interligados de sua família, e ele pode desfrutar ou sofrer através desses laços de um modo não inerente ao *karma* de sua própria vida, e assim receber ou quitar débitos *kármicos* não previstos, por assim dizer. No que diz respeito à personalidade, isto parece trazer consigo uma certa compensação no *kāma-loka* ou no *devachan*, para que a justiça completa possa ser feita mesmo à transitória personalidade.

O desenvolvimento em detalhe do *karma* coletivo iria levar-nos muito além dos limites de uma obra de caráter elementar como esta, e ultrapassaria os conhecimentos da escritora; no momento, apenas estas sugestões fragmentárias podem ser oferecidas ao estudante. Para uma compreensão precisa, seria necessário um longo estudo de casos individuais, rastreados através de muitos milhares de anos. A especulação sobre estes assuntos é perda de tempo; o que é preciso é a observação paciente.

Há, entretanto, um outro aspecto do *karma* coletivo sobre o qual algumas palavras podem ser ditas com propriedade: a relação entre pensamentos e ações do homem, e os aspectos da natureza externa. Sobre este tema obscuro, a Senhora Blavatsky diz o seguinte:

> Seguindo Platão, explicou Aristóteles que o termo στοιχεῖα [elementos] se compreendia unicamente como significando os

princípios incorpóreos localizados em cada uma das grandes divisões de nosso mundo cósmico a fim de velarem sobre elas. Assim, os pagãos não *adoravam* nem *veneravam* os Elementos e os pontos cardeais (imaginários) mais do que o fazem os cristãos; aos respectivos "Deuses", que os governam, é que eles prestavam o seu culto.

Para a Igreja, há dois tipos de Seres Siderais, os Anjos e os Demônios. Para o cabalista e o ocultista, existe apenas uma classe, e nem ocultista nem cabalista fazem qualquer diferença entre os "Reitores de Luz" e os *"Rectores Tenebrarum"* ou Cosmocratas, que a Igreja Romana imagina e descobre nos "Reitores de Luz", quando um deles é chamado por um nome diferente daquele que ela lhes dá. Não é o Reitor, ou *Mahārājah*, quem castiga ou recompensa, com ou sem permissão ou ordem "de Deus", mas o próprio homem – suas ações ou *karma*, atraindo individual e coletivamente (como no caso de nações inteiras) todo tipo de mal e calamidades. Nós produzimos *Causas*, e elas despertam os poderes correspondentes no Mundo Sideral, que são magnética e irresistivelmente atraídos – e reagem sobre – aqueles que produziram essas causas, quer sejam essas pessoas os malfeitores na prática ou simples "pensadores", que alimentaram esses males. Pois pensamento é matéria, como nos ensina a Ciência Moderna; e "toda partícula da matéria existente constitui o registro de tudo que aconteceu", como dizem aos profanos os Senhores Jevons e Babbage em sua obra *Principles of Science*. A Ciência Moderna é, a cada dia, mais atraída ao redemoinho do Ocultismo – sem dúvida, inconscientemente, todavia muito perceptivelmente.

"Pensamento é matéria"; não, certamente, no sentido do materialista alemão Moleschott, que nos assegura que "pensamento é o movimento da matéria" – uma afirmação de absurdo sem paralelo. Os estados mentais e os físicos se encontram em completa oposição. Mas isso não afeta o fato de que todo pensamento, além de seu acompanhamento físico (mudança cerebral), exibe um aspecto objetivo no plano astral – embora uma objetividade suprassensível para nós.[44]

---

[44] *A Doutrina Secreta*, I [de H.P. Blavatsky].

Parece que quando os homens geram um grande número de formas-pensamento malignas e de caráter destrutivo, e elas se congregam em grandes massas no plano astral, sua energia pode ser, e é de fato, precipitada no plano físico, incitando guerras, revoluções, perturbações e revoltas sociais de todo tipo, descendo como *karma* coletivo em seus genitores e causando ampla ruína. Assim, também coletivamente o homem é o senhor de seu destino, e seu mundo é moldado por sua ação criativa.

As epidemias de crimes e de doenças, os ciclos de acidentes têm explicação semelhante. As formas-pensamento de ira contribuem com a perpetração de um crime; esses elementais são nutridos por ele, e seus resultados – os pensamentos de vingança e de ódio daqueles que eram afetos à vítima, o feroz ressentimento do criminoso, sua fúria confusa quando é violentamente lançado para fora do mundo – reforçam ainda mais seu hospedeiro com muitas formas malignas, as quais, do plano astral, novamente impelem o homem mau a um novo crime e mais uma vez o ciclo de novos impulsos é trilhado, e temos uma epidemia de ações violentas. As doenças se espalham, e os pensamentos de medo que seguem seu avanço agem diretamente como fortalecedores do poder da doença; as perturbações magnéticas são estabelecidas e propagadas, reagindo sobre as esferas magnéticas das pessoas dentro da área afetada. Em toda direção, de infinitas formas, os pensamentos danosos do homem é que causam destruição, pois aquele que deveria ser um divino coconstrutor do Universo usa seu poder criativo para destruir.

CONCLUSÃO

Este é um esboço da grande Lei do *Karma* e de sua atuação, por cujo conhecimento o homem pode acelerar sua evolução, por meio de cuja utilização o homem pode libertar-se da escravidão e, muito antes de a Raça ter seguido seu curso, tornar-se um dos auxiliares salvadores do mundo. Uma convicção profunda e firme da verdade desta lei dá à vida a serenidade inalterável e um perfeito destemor: nada que não tenha sido forjado por nós pode nos tocar; nada que nós não mereçamos pode nos ferir. E como tudo que semeamos deve amadurecer e ser colhido na devida estação, é perda de tempo lamentarmos a colheita dolorosa. Se ela não for feita agora, o será em qualquer momento no futuro, já que não pode ser evitada; e uma vez feita, não pode retornar para nos perturbar novamente. Portanto, o *karma* doloroso pode muito bem ser enfrentado com contentamento no coração, como algo a ser alegremente trabalhado e esgotado. É melhor tê-lo atrás de nós do que diante de nós, e cada débito pago deixa-nos com uma dívida menor. Quem dera que o mundo conhecesse e pudesse sentir a força que surge desta confiança na Lei! Infelizmente, para a maioria das pessoas no Ocidente, isto é uma simples quimera, e mesmo entre os teosofistas a crença no *karma* é mais uma aceitação intelectual do que uma convicção viva e fecunda a cuja luz a vida é vivida. A força de uma crença, diz o Professor Bain, é medida por sua influência sobre a conduta, e a crença no *karma* deve tornar a vida pura, forte, serena e alegre. Somente nossas próprias ações podem nos entravar; somente nossa vontade pode nos agrilhoar. Logo que os homens reconheçam esta verdade, a hora de sua libertação soará. A Natureza não pode escravizar a alma que, pela sabedoria, obteve poder e usa ambos com amor.

DHARMA

DIFERENÇAS

Quando foram criadas, uma após outra, as nações da Terra, a cada uma foi dada por Deus uma palavra especial – aquela que cada qual deveria trazer ao mundo, a palavra peculiar oriunda do Eterno e que cada uma deveria pronunciar. Quando fazemos uma rápida retrospectiva da história das nações, podemos ouvir da boca coletiva do povo o eco dessa palavra expressa em ação, a contribuição daquela nação para uma humanidade ideal e perfeita. Ao Egito antigo, a palavra dada foi "Religião"; à Pérsia, a palavra foi "Pureza"; à Caldeia, a palavra foi "Ciência"; à Grécia, a palavra foi "Beleza"; a Roma, a palavra foi "Lei"; e à Índia, a mais velha de suas filhas, Ele deu a palavra que resumia todas as outras, a palavra *"Dharma"*. Esta é a palavra da Índia ao mundo.

Mas não podemos pronunciar essa palavra, tão plena de significado, tão vasta no alcance de sua força, sem nos curvar aos pés daquele que é a maior corporificação do *Dharma* que o mundo já viu – curvemo-nos a Bhīshma, o filho de Gangā, a mais poderosa encarnação do Dever. Acompanhem-me por um instante, recuando cinco mil anos no tempo, e vejamos este herói deitado em seu leito de flechas no campo de Kurukshetra, mantendo a distância a morte até que soasse a hora adequada. Passamos por entre montes de guerreiros chacinados, por montanhas de elefantes e cavalos mortos e por muitas piras funerárias, e inúmeros amontoados de armas e charretes destroçadas. Chegamos ao herói deitado em seu leito de flechas, atravessado por centenas delas; sua cabeça repousando em um travesseiro de flechas, pois ele rejeitou o travesseiro macio de penas que lhe trouxeram, e aceitou apenas o travesseiro de flechas feito por Arjuna. Perfeito no *Dharma*, ele, enquanto ainda jovem, por seu pai, pelo dever para com seu pai, pelo amor filial, havia feito a grandiosa promessa de renunciar à vida familiar, de renunciar à coroa para que a vontade do pai pudesse ser realizada e o coração do pai ficasse satisfeito. E Shantanu concedeu-lhe sua bênção, a maravilhosa dádiva de que a morte não se aproximaria dele até que ele próprio a chamasse, até que ele desejasse morrer. Quando caiu, atravessado por centenas de flechas, o Sol declinava no sentido austral, e aquele momento não era favorável à morte de alguém que não mais retornaria. Assim, ele usou o poder que seu pai lhe outorgara e manteve a morte afastada até que o Sol abrisse o caminho para a paz e a liberdade eternas. Enquanto permaneceu ali, deitado por vários penosos dias, atormentado pela agonia de suas feridas, torturado pela angústia do corpo lacerado, acercaram-se dele muitos *Rishis* e os remanescentes dos reis arianos, e também Srī Krishna, para ver o fiel guerreiro. Aproximaram-se ainda os cinco príncipes, filhos de Pāndu, os vitoriosos na grande guerra, e permaneceram à sua volta chorando e adorando-o, anelando serem instruídos por ele. Em meio àquela amarga angústia, chegaram a ele as palavras Daquele cujos lábios eram os lábios de Deus; e Ele o livrou da febre, proporcionou-lhe o descanso do corpo, a clareza da mente, a quietude do homem interno, e depois lhe ordenou que ensinasse ao mundo o que é o *Dharma* – ele, que durante toda sua vida o ensinara, que não se desviara da senda da retidão, que como filho, príncipe, estadista ou guerreiro sempre trilhara a estreita senda. Aqueles que estavam à sua volta lhe pediram para que lhes ensinasse, e Vāsudeva ordenou-lhe falar do *Dharma*, pois ele era digno para instruí-lo. (*Mahābhārata*, Shānti Parva, LIV)

    Então, dele se aproximaram ainda mais os filhos de Pāndu, encabeçados pelo irmão mais velho, Yudhisthira, que era o chefe da hoste que o ferira com flechadas mortais; ele estava temeroso de se aproximar e fazer perguntas pensando que, pelo fato de terem sido realmente suas as flechas que o feriram de morte e considerando-se culpado pelo derramamento do sangue de seu irmão mais velho, não merecia ser ensinado. Vendo sua hesitação, Bhīshma, cuja mente sempre fora equilibrada, que trilhara o difícil caminho do dever sem se desviar para a direita ou para a esquerda, pronunciou estas memoráveis palavras: "Assim como o dever dos *Brāhmanas* consiste na prática da caridade, no estudo e na penitência, o dever dos *Kshattriyas* é sacrificar seus corpos em batalha. O *Kshattriya* deve ser capaz de imolar pais, avós, irmãos, preceptores e parentes que possam com ele se engajar em luta injusta. Este é o seu dever declarado. É dito, oh Keshava, que familiarizado com seu dever está o *Kshattriya* que em combate imola seus próprios preceptores, se eles por acaso forem pecadores, cobiçosos e negligenciarem suas restrições e seus votos. [...] Pergunta-me, oh filho, sem qualquer aflição". Então, assim como Vāsudeva, ao falar de Bhīshma, salientara o direito que lhe era inerente de falar como instrutor, assim, o próprio Bhīshma, por sua vez, ao se dirigir aos príncipes, descreveu as qualidades que eram necessárias àqueles que quisessem esclarecimentos sobre o *Dharma*:

> Que o filho de Pāndu, que possui inteligência, autodomínio, castidade, misericórdia, retidão, vigor e energia mentais, faça-me perguntas. Que o filho de Pāndu, que por meio de suas boas obras sempre honra seus parentes, hóspedes, criados e outros que dele dependem, faça-me perguntas. Que o filho de Pāndu, em quem existe verdade, caridade, penitência, heroísmo, quietude, inteligência e destemor, faça-me perguntas. (*Mahābhārata*, Shānti Parva, LV)

Essas são algumas das características do homem que busca compreender os mistérios do *Dharma*. São essas as qualidades que vocês e eu devemos tentar desenvolver se quisermos compreender os ensinamentos, se quisermos ser dignos de investigá-los.

Assim teve início aquele maravilhoso discurso, sem paralelo entre os discursos do mundo, que trata dos deveres de reis e vassalos, dos deveres das quatro ordens, dos quatro modos de vida, os deveres para cada tipo de homem, distintos e apropriados a cada estágio de evolução. Todos vocês deveriam conhecer aquele magnífico discurso, deveriam estudá-lo não apenas pela beleza literária, mas por sua grandeza moral. Se pudermos ao menos seguir a senda traçada por Bhīshma, então nossa evolução se acelerará, e o dia da redenção da Índia se aproximará de seu alvorecer.

Com relação à moralidade – um tema estritamente ligado ao *Dharma* e que não pode ser entendido sem o conhecimento do que significa *"dharma"* –, alguns consideram que seja uma coisa simples. Não deixa de sê-lo em suas amplas linhas gerais. As fronteiras entre certo e errado nas ações comuns da vida são claras, simples e definidas. Para o homem pouco desenvolvido, de inteligência curta, de conhecimento restrito, a moralidade parece bastante simples. Mas para aqueles que possuem conhecimento profundo e inteligência superior, que estão evoluindo rumo aos degraus mais elevados da humanidade e desejam compreender seus mistérios, para eles a moralidade é muito complexa. "A moralidade é muito sutil", como disse o príncipe Yudhishthira quando lidava com o problema do casamento de Draupadi com os cinco filhos de Pāndu. E alguém superior ao príncipe falara da dificuldade: Srī Krishna, o Avatar, na preleção que fez no campo de Kurukshetra, falou sobre esta mesma questão da dificuldade da ação. Ele disse:

> O que é ação, o que é inação? Até mesmo os sábios aqui ficam perplexos. [...] É necessário discernir a ação, discernir a ação ilegítima, e discernir a inação; misteriosa é a senda da ação. (*Bhagavad-Gītā*, IV. 16-17)

"Misteriosa é a senda da ação." Misteriosa porque a moralidade, ao contrário do que pensam os simplórios, não é a mesma coisa para todos; porque varia com o *Dharma* do indivíduo. O que é certo para um é errado para outro, e vice-versa. A moralidade é algo individual e depende do *Dharma* do homem que está agindo, e não do que às vezes é chamado de "certo e errado absolutos". Nada de absoluto existe em um universo condicionado. Certo e errado são relativos, e devem ser julgados considerando-se o indivíduo e seus deveres. Assim, o maior de todos os Instrutores disse com relação ao *Dharma* – e isto nos guiará em nosso complicado caminho:

> É melhor o nosso próprio dever [*Dharma*], ainda que destituído de mérito, do que o dever [*Dharma*] alheio bem cumprido. É melhor a morte no cumprimento do nosso próprio dever [*Dharma*]; o dever [*Dharma*] alheio é cheio de perigo. (*Bhagavad-Gītā*, III. 35)

Mais uma vez Ele repetiu o mesmo pensamento ao final da preleção imortal, porém então o alterou, de modo que nova luz fosse lançada sobre o tema:

> É melhor cumprir o próprio dever [*Dharma*], ainda que destituído de mérito, do que o dever [*Dharma*] de outro bem cumprido. Aquele que cumpre com o dever [*Karma*] que lhe impõe sua própria natureza não incorre em pecado. (*Bhagavad-Gītā*, XVIII, 47)

A seguir, Ele expõe mais plenamente este ensinamento e delineia para nós, um a um, os *Dharmas* das quatro grandes castas; e o próprio fraseado que Ele usou mostra o significado desta palavra, que é por vezes traduzida como "Dever", em outras como "Lei", às vezes como "Retidão", e também como "Religião". "*Dharma*" significa todas essas coisas, e mais do que qualquer uma delas, pois o significado é mais profundo e mais amplo do que o expressado por qualquer uma dessas palavras separadamente. Tomemos as palavras de Shrī Krishna quando fala do *Dharma* das quatro castas:

> Os deveres [*Karmas*] dos *Brāhmanas*, *Kshattriyas*, *Vaishyas* e *Shūdras*, oh Parantapa, foram distribuídos de acordo com suas qualidades [*gunas*] nascidas de suas próprias naturezas. A serenidade, a autorrestrição, a austeridade, a pureza, o perdão e também a elevação, a sabedoria, o conhecimento, a fé em Deus são o dever [*Karma*] do *Brāhmana*, nascido de sua própria natureza. A proeza, o esplendor, a firmeza, a destreza, e também não fugir da batalha, a generosidade, a natureza de um governante são o dever [*Karma*] do *Kshattryia*, nascido de sua própria natureza. A lavoura, a proteção do ganho e o comércio são o dever [*Karma*] do *Vaishya*, nascido de sua própria natureza. A ação de caráter serviçal é o dever [*Karma*] do *Shūdra*, nascido de sua própria natureza. A perfeição humana é alcançada quando cada ser se aplica ao seu próprio dever. (*Bhagavad-Gītā*, XVIII, 41-45)

Vejam como as duas palavras, "*Dharma*" e "*Karma*", são intercambiáveis. Elas nos fornecem a chave que usaremos para resolver nosso problema. Inicialmente, eu lhes darei uma definição parcial de "*Dharma*". Não me é possível dar com clareza a definição completa de uma só vez. Inicialmente, apresentarei a primeira parte da definição, tratando da segunda em momento oportuno. A primeira parte é: "*Dharma* é a natureza interna, que em cada homem alcançou um certo estágio de desenvolvimento e florescimento". É esta natureza interna que molda a vida externa – expressa por pensamentos, palavras e ações –, nascendo no ambiente apropriado para seu futuro desenvolvimento. A primeira ideia a ser apreendida é de que *Dharma* não é algo externo, como a lei, a retidão, a religião ou a justiça. É a lei da vida que se desvela, modelando tudo externo a si para sua autoexpressão.

Agora, para tentar desenvolver este tema difícil e intrincado, eu o abordarei sob três divisões principais. Primeiramente, as **Diferenças**, pois as pessoas têm distintos *Dharmas*. Mesmo no trecho citado, são mencionadas quatro grandes classes. Olhando mais de perto, cada indivíduo tem seu próprio *Dharma*. Como compreender esses diferentes *Dharma*s? A não ser que entendamos algo da natureza das diferenças, por que elas vieram a existir, por que devem existir, e o que queremos dizer quando falamos de diferenças; a não ser que entendamos como cada homem demonstra o estágio que alcançou através de seus pensamentos, palavras e ações; a não ser que compreendamos isto, não conseguiremos entender "*Dharma*". Em segundo lugar, teremos de nos ocupar com a **Evolução**, pois devemos rastrear essas diferenças à medida que elas evoluem. Finalmente, devemos lidar com a questão do **Certo e Errado**, já que a completude do nosso estudo nos leva a responder à pergunta: "Como o homem deve conduzir-se na vida?" Não valerá a pena pedir que vocês me acompanhem nessas difíceis regiões do pensamento a menos que, ao final, façamos bom uso do nosso conhecimento e tentemos conduzir nossas vidas segundo o *Dharma*, dando assim ao mundo aquilo que à Índia coube ensinar.

Em que consiste a perfeição de um universo? Quando começamos a refletir a respeito de um universo e o que presumimos disto, descobrimos que pressupomos um grande número de objetos separados atuando conjuntamente de maneira mais ou menos harmoniosa. A multiplicidade é a tônica do Universo, assim como a unidade é a tônica do Não Manifestado – o Incondicionado, o Uno sem par. A diversidade é a tônica do manifestado e condicionado – o resultado da vontade de se tornar muitos.

Aprendemos que quando um universo está para vir à existência, a Causa Primeira, Eterna, Inconcebível, Indiscernível, Sutil, irradia Sua luz por meio de Sua própria Vontade. O que pode significar essa irradiação em de Si mesma ninguém pode ousar conjeturar; podemos apreendê-la até certo ponto, a partir de uma determinada face pela qual a consideremos. *Īshvara* surge; mas Ele, ao aparecer, mostra-se envolto no véu de *Māyā* – são dois lados do Supremo em manifestação. Muitas palavras têm sido usadas para expressar esse par de opostos fundamental: *Īshvara* e *Māyā*, *Sat* e *Asat*, Realidade e Irrealidade, Espírito e Matéria, Vida e Forma. São essas as palavras que nós, em nossa limitada linguagem, usamos para expressar aquilo que está quase além do que o pensamento consegue apreender. Tudo que podemos dizer é: "Assim nos ensinaram os Sábios, e assim humildemente repetimos".

Īshvara e *Māyā*. O que deve ser o Universo? Ele é a imagem de *Īshvara* refletida em *Māyā* – a imagem perfeita de *Īshvara*, como Ele resolveu condicionar a Si próprio neste universo particular, cuja hora de nascimento está para soar. Sua imagem, limitada, autocondicionada – eis o que deve o Universo proclamar em perfeição. Mas como poderá aquilo que é limitado, que é parcial, refletir *Īshvara*? Pela multiplicidade das partes atuando conjuntamente em um todo harmonioso; a infinita variedade de diferenças e as múltiplas combinações de umas com as outras expressarão a lei do pensamento divino até que todo pensamento esteja expresso na totalidade daquele universo perfeito. Tentemos captar algum vislumbre do que isto significa. Vamos juntos tentar entendê-lo.

Īshvara pensa em Beleza; imediatamente Sua energia poderosa, onipotente e fecunda atinge *Māyā* e a transforma em miríades de objetos que chamaremos "belos". Essa energia toca a matéria que está pronta para ser modelada – por exemplo, a água; e a água assume um milhão de formas de Beleza. Vemos uma delas na vasta extensão do oceano, sereno e tranquilo, onde o vento não sopra e o céu se reflete em seu seio profundo. Vislumbramos uma outra forma de Beleza quando o vento sopra criando no oceano pequeninas ondas, uma após outra, abismos e mais abismos, até que toda a massa d'água torna-se terrificante em sua fúria e grandiosidade. Então, surge uma nova forma de Beleza, e as águas enfurecidas e espumosas são aquietadas, e o oceano se transforma em miríades de ondulações, brilhando e reluzindo sob a luz da Lua que brilha sobre elas, seus raios fracionados e refratados em mil cintilações. Isto nos dá uma outra indicação sobre o sentido de Beleza. Consideremos agora o oceano cujo horizonte não é limitado por terra alguma, onde a vasta extensão não é interrompida, e novamente coloquemo-nos na praia e vejamos as ondas rebentando aos nossos pés. Cada vez que o mar muda de humor, suas águas expressam uma nova ideia da Beleza. Temos um outro vislumbre do pensamento de Beleza na água do lago alpestre, na quietude e serenidade de sua superfície; na corrente que salta de rocha em rocha; e na torrente que se lança em milhões de gotículas d'água, capturando e refletindo a luz do Sol em todos os matizes do arco-íris. Portanto, em cada forma e aspecto da água, do agitado oceano ao *iceberg* gelado, dos nevoeiros às nuvens de magnífico colorido, irrompe o pensamento de Beleza impresso por *Īshvara*, quando a palavra dele emanou. Deixando a água, aprendemos novos pensamentos de Beleza na delicada trepadeira, em sua massa de cores brilhantes, na planta mais forte, no robusto carvalho e na sombria obscuridade das profundezas da floresta. Novas ideias de Beleza chegam a nós do cume de cada montanha e da pradaria vasta e ondulante, onde a terra parece dar início a novas possibilidades de vida, da areia do deserto à vegetação do prado. Se nos cansamos da Terra, o telescópio traz até nós a visão de Beleza de miríades de sóis, precipitando-se e girando na infinitude do espaço. E ainda, o microscópio revela ao nosso olhar maravilhado a Beleza do infinitamente pequeno, enquanto o telescópio o faz com o infinitamente grande; assim, uma nova porta se nos abre para a contemplação da Beleza. Temos à nossa volta miríades de objetos que são todos belos, da graça do animal, do vigor do homem, do doce encanto da mulher, das covinhas do sorriso da criança, de todas essas coisas obtemos alguns vislumbres do que é o pensamento de Beleza na mente de *Īshvara*.

Deste modo, podemos compreender algo do modo como Seu pensamento desdobrou-se em miríades de formas de esplendor quando Ele falou em Beleza ao mundo. O mesmo se deu com a Força, a Energia, a Harmonia, a Música, etc. Vocês assimilam, então, por que deve haver variedade, pois coisa alguma limitada pode expressá-Lo plenamente, nenhuma forma limitada pode exprimi-Lo completamente. Mas, à medida que cada uma delas atingir a perfeição de seu gênero, o conjunto de todas elas pode revelá-Lo parcialmente. Logo, a perfeição do Universo é a perfeição na multiplicidade e na harmonia das partes inter-relacionadas.

Tendo alcançado essa concepção, começamos a ver que o Universo só consegue atingir a perfeição desde que cada parte desempenhe sua própria função e desenvolva completamente o que lhe cabe na vida. Se a árvore tentasse imitar a montanha, ou a água tentasse imitar a terra, cada uma perderia sua beleza própria e não conseguiria reproduzir a beleza da outra. A perfeição do corpo não depende de que cada célula realize o trabalho das outras células, mas de que cada uma desempenhe seu próprio papel com perfeição. Temos cérebro, pulmões, coração, aparelho digestivo, etc. Se o cérebro tentasse fazer o trabalho do coração e os pulmões tentassem digerir alimento, então o corpo ficaria verdadeiramente numa condição lamentável. A saúde do corpo é assegurada pelo fato de que cada órgão desempenha seu próprio papel. Assim, compreendemos que à medida que o Universo se desenvolve, cada uma de suas partes segue o caminho que lhe é traçado pela lei de sua própria vida. A imagem de *Īshvara* na Natureza jamais será perfeita até que cada parte seja perfeita em si e em sua relação com as demais.

Como podem surgir essas inúmeras diferenças? Como podem elas vir à existência? Na medida em que se desenvolve como um todo, como o Universo se comporta com relação às suas partes, cada uma evoluindo em sua linha separada? Diz-se que *Īshvara*, expressando-se como *Prakriti*, manifesta três atributos: *Sattva, Rajas* e *Tamas*. Não existem vocábulos em nosso idioma que sejam equivalentes ou que possam traduzir satisfatoriamente essas palavras. Porém, por enquanto, posso traduzir *Tamas* como "inércia", o atributo daquilo que não se move, que mantém a estabilidade; *Rajas* é a qualidade de energia e movimento; e *Sattva* talvez seja melhor traduzida por "harmonia", o atributo do que causa prazer, já que todo prazer emana da harmonia e somente a harmonia consegue proporcioná-lo. Aprendemos, então, que esses três *gunas* são posteriormente modificados em sete tipos, sete grandes linhas, por assim dizer, ao longo das quais se desenvolvem inúmeras combinações. Toda religião faz referência a essa divisão sétupla, toda religião proclama sua existência. No Hinduísmo, elas são os cinco grandes elementos e os dois que estão além. São os sete *Purushas* de que fala *Manu*.

Esses três *gunas* combinam-se e dividem-se, distribuindo-se em sete grandes grupos, dos quais surgem inúmeras coisas por meio de várias combinações; lembrem-se de que cada um desses atributos penetra cada coisa separada em diferentes proporções, modificada numa das sete linhas fundamentais.

Desta diferença primária trazida de um Universo pretérito – pois um mundo está ligado a outro mundo e um universo a outro –, descobrimos que o fluxo vital se dividiu e se subdividiu à medida que se precipitava na matéria, até que, alcançando a circunferência do poderoso círculo, retrocedeu sobre si mesmo. A evolução começa nesse ponto crítico onde a onda de vida começa a retornar a *Īshvara*. O estágio prévio é o de involução, durante o qual a vida está se envolvendo na matéria; na evolução, ela revela os poderes que lhe são inerentes. Podemos citar *Manu*, quando ele diz que *Īshvara* colocou Sua semente nas águas grandiosas. A vida concedida por *Īshvara* não era uma vida desenvolvida, mas uma vida capaz de desenvolvimento. A princípio, tudo existe em estado germinal. Assim como o pai dá de sua vida para gerar um filho, a semente de vida se desenvolve através de muitas combinações até vir a nascer, e prossegue ano após ano, ao longo da infância, juventude, idade adulta, até que a maturidade seja alcançada e a imagem do pai seja vista mais uma vez no filho; o mesmo se dá com o Pai Eterno – ao colocar a semente no ventre da matéria, concede-lhe a vida, mas que não está ainda desenvolvida. Começa, então, a ascensão, revelando uma a uma as fases da vida que vai gradualmente conseguindo expressar.

Quando estudamos o Universo, descobrimos que sua variedade difere em idade – uma consideração que se relaciona com o nosso problema. Este mundo não foi trazido à sua condição atual por meio de uma palavra criadora. Lenta e gradualmente, e por meio de prolongada meditação, *Brahma* construiu o mundo. Uma após outra foram surgindo as formas. Uma após outra foram semeadas as sementes de vida. Se vocês considerarem um universo qualquer em um dado momento, verão que a variedade daquele universo tem o Tempo como seu fator principal. A idade do germe em desenvolvimento marcará o estágio por ele atingido. Em um universo existem, ao mesmo tempo, germes de várias idades e estágios de desenvolvimento. Há germes mais jovens do que os minerais, compondo os chamados reinos elementais. Os germes em desenvolvimento que são denominados de reino mineral são mais velhos do que estes. Os germes que estão evoluindo como mundo vegetal são mais velhos do que os minerais, isto é, têm uma faixa mais longa de evolução atrás de si; os animais são germes com

um passado ainda mais longo, e os germes que chamamos de humanidade possuem o passado mais longo de todos.
Cada grande classe possui esta diversidade como sua origem no tempo. Assim, também a existência individual e separada em um homem – não a vida essencial, mas a existência individual separada – é diferente da de outro; e diferimos na idade de nossas existências individuais da mesma forma que diferimos também na idade de nossos corpos. A vida é uma – uma vida em tudo; no entanto, ela implica diferentes períodos de tempo no que se refere ao ponto de partida da semente que nela está crescendo. Vocês devem apreender esta ideia com clareza. Quando um universo chega ao fim, nele haverá entidades em todos os estágios de crescimento. Já mencionei que mundo está unido a mundo, e universo a universo. No início, algumas unidades estarão no estágio primitivo de evolução; outras estarão prontas para logo se fundirem com a consciência de Deus. Nesse universo, quando terminar seu período de vida, haverá diferenças de desenvolvimento em dependência das diferenças no tempo. Existe uma única vida em tudo, mas o estágio de desenvolvimento de uma existência particular depende do tempo através do qual ela esteve evoluindo separadamente. Exatamente aí vocês apreendem a raiz de nosso problema: uma vida imortal, eterna, infinita quanto à sua fonte e meta; mas esta vida, no entanto, manifesta-se em diferentes graus de evolução e em diferentes estágios de desenvolvimento, anunciando variadas porções de suas faculdades inerentes segundo a idade da existência separada. Essas são as duas ideias a serem assimiladas, e então podemos pegar aquela outra parcela da definição de "*Dharma*".

"*Dharma*" pode agora ser definido como "a natureza interna de uma coisa num determinado estágio de evolução e a lei do próximo estágio de seu desenvolvimento" – a natureza no ponto alcançado em seu desenvolvimento mais a lei que produz seu estágio seguinte de desenvolvimento. A própria natureza delimita o ponto alcançado na evolução; surge então o que ela deve realizar para continuar evoluindo em sua estrada. Juntem esses dois pensamentos, e vocês entenderão por que a perfeição é alcançada ao se seguir o próprio *Dharma*. Meu *Dharma* é o estágio de evolução que minha natureza alcançou, ao desabrochar a semente de vida divina que sou eu mesma, *mais* a lei da vida segundo a qual o próximo estágio deve ser desempenhado por mim. Isto pertence a este eu separado. Devo conhecer o estágio de meu crescimento, e devo conhecer a lei que permitirá meu crescimento posterior – assim, eu conheço o meu *Dharma*; e seguindo esse *Dharma*, estou indo rumo à perfeição.

Fica claro, portanto, ao se compreender o que isto significa, por que cada um de nós deve estudar esta condição atual e o próximo estágio. Se não conhecemos o estágio atual, ignoramos o estágio seguinte ao qual devemos alvejar, e podemos estar indo contra nosso *Dharma*, retardando assim nossa evolução. Ou, conhecendo ambos, podemos agir de acordo com nosso *Dharma* e acelerar nossa evolução. Aqui surge uma grande armadilha. Vemos que algo é bom, nobre e grandioso, e ansiamos em realizar em nós mesmos esse algo. Será esse o estágio seguinte de nossa evolução? Será isso que é exigido pela lei do desenvolvimento de nossa existência, para que essa vida possa desabrochar harmoniosamente? Nossa meta imediata não é aquilo que seja o melhor em si mesmo, mas aquilo que seja o melhor para nós em nosso estágio atual e que nos faça dar um passo à frente. Consideremos uma criança. Se olharmos uma menina, não há dúvida de que ela tem diante de si um futuro mais nobre, mais elevado e mais belo do que seu presente, em que está brincando com suas bonecas; ela será uma mãe com um bebê nos braços, em vez de uma boneca, pois esse é o ideal feminino perfeito – a mãe com seu filho. Porém, embora esse seja o ideal de uma mulher perfeita, aferrar-se a esse ideal antes do tempo não será um bem, e sim um mal. Tudo deve vir no tempo e lugar apropriados. Se essa menina tiver de ser desenvolvida à perfeição da condição feminina e tornar-se uma mãe de família, saudável, forte, capaz de suportar as pressões da grande corrente de vida, então haverá o estágio em que ela brinca com suas bonecas, aprende lições, desenvolve o corpo. Mas, considerando que a maternidade é mais elevada e mais nobre do que as brincadeiras, se ela for exercida antes do tempo, e uma criança nascer de outra criança, o bebê sofre, a mãe sofre, a nação sofre; e isto porque não foi levado em consideração o momento oportuno, a lei do desabrochar da vida foi violada. Todo tipo de sofrimento surge ao se arrancar o fruto antes de ele estar maduro.

Tomo este exemplo porque é marcante. Ele ajudará que vocês vejam por que nosso próprio *Dharma* é melhor para nós do que o *Dharma* bem cumprido de uma outra pessoa, que não está alinhada com o desabrochar de nossa vida. Essa sublime posição pode ser nossa no futuro, mas o momento deve ser propício, o fruto deve amadurecer. Colham-no antes de estar maduro, e ele lhes dará aflição nos dentes. Deixem que ele permaneça na árvore, obedecendo à lei do tempo e da evolução sequencial, e a alma crescerá segundo o poder de uma vida infinita.

Logo, isso nos fornece uma outra chave para o problema: a função está em relação com a faculdade. A função exercida antes de a faculdade ser desenvolvida é extremamente prejudicial ao organismo. Assim, aprendemos as lições de paciência e de atender à Boa Lei. Pode-se julgar o progresso de um homem por meio de sua vontade em trabalhar com a Natureza e de se submeter à Lei. É por isso que o *Dharma* é chamado de "lei" e às vezes de "dever"; pois ambas as ideias surgem da ideia raiz de que o *Dharma* é a natureza interna em um dado estágio de evolução e a lei do próximo estágio de seu desenvolvimento. Isto explica por que a moralidade é relativa, por que o dever deve diferir para cada alma, segundo o estágio de sua evolução. Quando formos aplicar isto às questões de certo e errado, veremos que podemos resolver alguns dos problemas mais sutis de moralidade ao lidarmos com eles segundo este princípio. Num universo condicionado, não se pode encontrar o certo e o errado absolutos, mas apenas o certo e o errado relativos. O absoluto está somente em *Īshvara*, onde sempre será encontrado.

As diferenças são, portanto, necessárias para nossa consciência condicionada. Pensamos por meio de diferenças, sentimos através de diferenças, e conhecemos por intermédio de diferenças. Somente através das diferenças é que sabemos que somos homens vivos e pensantes. A Unidade não causa qualquer pressão na consciência. Diferenças e diversidades – isso é o que torna possível o crescimento da consciência. A consciência incondicionada está além do nosso pensamento. Conseguimos pensar apenas dentro dos limites do separado e do condicionado.

Podemos ver agora como surgem as diferenças na Natureza, como interfere o fator tempo, e como existe, todavia, diversidade nos estágios de manifestação – embora tudo tenha a mesma essência e alcançará o mesmo fim – e, portanto, nas leis apropriadas para cada estágio. É isto que precisamos apreender esta noite, antes de tratarmos do complexo problema de como se desenvolve essa natureza interna. O tema é verdadeiramente difícil, contudo os mistérios da senda da ação podem ser-nos elucidados à medida que apreendemos a lei subjacente, à medida que reconhecemos o princípio da vida que se manifesta.

Possa Ele, que concedeu o *Dharma* à Índia como sua tônica, iluminar com Sua vida ascendente e imortal, com Sua luz refulgente e imutável, as nossas mentes ignorantes que, com dificuldade, tentam assimilar Sua lei; pois somente quando Sua bênção é vertida sobre o buscador suplicante, Sua lei é compreendida pela mente, Sua lei é gravada no coração.

EVOLUÇÃO

Nesta noite, trataremos da segunda parte do tema que começamos ontem. Como vocês devem lembrar, a título de conveniência, dividi o tema em três tópicos: Diferenças, Evolução e o problema do Certo e do Errado. Ontem estudamos a questão das Diferenças – a razão por que pessoas diferentes têm *Dharmas* diferentes. Tomo a liberdade de lembrá-los da definição de *Dharma* que adotamos, significando a natureza interna, caracterizada pelo estágio presente de evolução, *mais* a lei de crescimento para o estágio seguinte. Peço a vocês que tenham sempre em mente esta definição, pois sem ela não poderemos aplicar o *Dharma* ao que devemos estudar como terceira divisão do tema.

Sob o título "Evolução", devemos estudar o modo como o germe de vida evolui até a imagem perfeita de Deus. Lembremos que constatamos que essa imagem de Deus somente poderia ser representada pela totalidade dos inúmeros objetos que compõem o Universo em seus detalhes, e que a perfeição do indivíduo depende de quão completamente ele desempenhou seu papel nessa formidável totalidade.

Antes que possamos entender a evolução, devemos encontrar sua fonte e motivo – uma vida que se envolve na matéria, perante o desenvolvimento de complexos organismos de toda espécie. Partimos do princípio de que tudo tem origem e está em Deus. Nada no Universo pode ser excluído d'Ele. Nenhuma vida exceto a Sua vida, nenhuma força exceto a Sua força, nenhuma energia exceto a Sua energia, nenhuma forma exceto as Suas formas – tudo é resultado de seu pensamento. Este é o nosso fundamento, o terreno no qual devemos pisar, ousando aceitar tudo o que isto implica, ousando reconhecer tudo que isto conota. Diz Srī Krishna, falando como o supremo *Īshvara*:

> E qualquer que seja a semente de todos os seres, Aquele sou Eu,
> Oh Arjuna; nem há nada, móvel ou imóvel, que exista sem Mim.
> (*Bhagavad-Gītā*, X. 39)

Não receemos assumir essa posição central. Por causa da imperfeição das vidas em evolução, não nos permitamos recuar de nenhuma conclusão a que esta verdade possa nos levar.

Em outro *sloka*, Ele disse:

> Eu sou a trapaça do trapaceiro, o esplendor das coisas esplêndidas Eu sou. (*Bhagavad-Gītā*, X. 36)

Qual o significado dessas palavras, que soam de modo tão estranho? Qual a explicação desta frase, que parece quase uma profanação? Neste discurso, não apenas encontramos esta posição enunciada, mas descobrimos que *Manu* ensina exatamente a mesma verdade: "De Si mesmo, Ele produz o universo". Ao emanar do Supremo, a vida reveste-se de véu após véu de *Māyā*, nos quais essa vida deve desenvolver todas as perfeições que jazem latentes dentro de si.

Agora, eis a primeira questão: Será que esta vida, que emana de *Īshvara*, não contém dentro de si tudo já desenvolvido, todo poder manifestado, toda possibilidade concretizada como fato? A resposta a esta pergunta, feita repetidamente em símbolos, alegorias e distintas palavras, é "Não". Ela contém tudo em potência, mas nada em manifestação, a princípio. Contém tudo em germe, mas nada como organismo desenvolvido, a princípio. Apenas a semente é colocada nas poderosas águas da matéria, somente o germe é concedido pela Vida do Mundo. Esses germes, que são oriundos da vida de *Īshvara*, desenvolvem – passo a passo, estágio após estágio, um degrau da escada após o outro – todos os poderes que residem no Pai gerador, denominação que *Īshvara* dá a Si mesmo no *Bhagavad-Gītā*. Ele mais uma vez declara:

Meu ventre é o grande ETERNO[45]; nele ponho o germe; dali provém o nascimento de todos os seres, oh Bhārata. Em qualquer ventre se produzem mortais, oh Kaunteya, o grande ETERNO[46] é seu ventre, sou o Pai gerador deles. (*Bhagavad-Gītā*, XIV. 3-4)

A partir dessa semente – desse germe que tudo contém em possibilidade, mas nada ainda em manifestação –, deve evoluir uma vida, estágio a estágio, elevando-se cada vez mais, até que finalmente seja formado um centro de consciência capaz de se expandir até a consciência de *Īshvara*, embora ainda permanecendo como um centro, com o poder de se tornar um novo *Logos* ou *Īshvara*, para a produção de um novo universo.

Analisemos em detalhe esta vasta lucubração. A vida envolta na matéria – este é o nosso ponto de partida. Esses germes de vida, essas miríades de sementes ou, para usar uma expressão dos *Upanishads*[47], essas inúmeras centelhas emanam todas da Chama una que é o supremo *Brahman*. Agora, qualidades devem ser extraídas dessas sementes. Essas qualidades são poderes, mas poderes manifestados através da matéria. Um a um, esses poderes serão desenvolvidos – poderes que são a vida de *Īshvara* velada em *Māyā*. Lento é o crescimento nos estágios primitivos, oculto como a semente enterrada no solo, quando ao início lança para baixo sua raiz e para cima seu delicado broto, para que posteriormente possa surgir e crescer a árvore. No silêncio germina esta semente de vida, e suas origens remotas estão ocultas nas trevas como as raízes sob o solo.

Esse poder inerente à vida, ou melhor, esses inúmeros poderes que *Īshvara* manifesta para que o Universo possa existir, essas miríades de poderes, a princípio, não estão aparentes no

---
[45] No original, *Mahat-Brahma*. (N.T.)
[46] *Ibid.* (N.T.)
[47] Ver *O Chamado dos Upanixades*, de Rohit Mehta, Editora Teosófica. (N.T.)

germe – não há sinal das poderosas possibilidades, nenhum traço do que deverá tornar-se posteriormente. Quanto a esta manifestação na matéria, há um dito que lança alguma luz sobre o tema, se conseguirmos assimilar seu significado interno e mais sutil. Shrī Krishna, falando de Seu *Prakriti* inferior ou manifestação inferior, diz:

> A terra, a água, o fogo, o ar, o éter, a Mente, a Razão e também o Egoísmo são a óctupla divisão de Minha natureza[48]. Esta é a inferior. (*Bhagavad-Gītā*, VII. 4-5)

Em seguida, Ele declara qual é sua *Prakriti* superior:

> Deves conhecer Minha outra natureza[49], a superior, o elemento da vida, Oh potentemente armado, com a qual se sustenta o universo. (*Bhagavad-Gītā*, VII. 5)

Então, pouco depois, separado por muitos *slokas*, de tal modo que às vezes se perde o elo de conexão, são ditas as palavras:

> Esta Minha ilusão[50] divina, causada pelas três qualidades, é difícil de trespassar; aqueles que vêm a Mim atravessam esta ilusão[51]. (*Bhagavad-Gītā*, VII. 14)

Este *Yoga-Māyā* é verdadeiramente difícil de penetrar; muitos não O descobrem envolto em *Māyā*, tão difícil é trespassar, tão difícil de descobrir.

---

[48] No original, *Prakritti*. (N.T.)
[49] *Ibid*. (N.T.)
[50] No original, *Māyā*. (N.T.)
[51] *Ibid*. (N.T.)

Os destituídos de Razão[52] pensam em Mim, o *não manifestado*, como se Eu tivesse manifestação, desconhecendo Minha natureza suprema, imperecível, a mais esplêndida. Velado pelo Meu poder de criação e ilusão[53], Eu não sou por todos descoberto. (*Bhagavad-Gītā*, VII. 24-25)

Então Ele declara posteriormente que o Universo é permeado por Sua vida não manifestada. O elemento vida, ou *Prakriti* superior, é o não manifestado; o *Prakriti* inferior é o manifestado. Ele diz:

> Ao chegar o dia, todas as manifestações surgem do não manifestado; ao chegar a noite, elas se dissolvem n'Aquele que se chama não manifestado. (*Bhagavad-Gītā*, VIII. 18)

Isto ocorre repetidas vezes. Posteriormente, Ele declara:

> Portanto, em verdade existe, superior ao não manifestado, outro não manifestado, eterno, que na destruição de todos os seres não é destruído. (*Bhagavad-Gītā*, VIII. 20)

Existe uma sutil distinção entre *Īshvara* e a Sua imagem, por Ele irradiada. A imagem é o não manifestado refletido, mas Ele mesmo é o não manifestado superior, o Eterno que jamais é destruído.

Ao compreender isto, chegamos à elaboração dos poderes. Aqui começamos verdadeiramente nossa evolução. A efusão de vida foi envolvida em matéria a fim de imergir a semente nas condições materiais que tornarão possível a evolução. Nossa dificuldade começa quando chegamos à primeira germinação da semen-

---

[52] No original, *Buddhi*. (N.T.)
[53] No original, *Yoga-māyā*, o poder criativo do *Yoga*, sendo todos os seres as formas-pensamento do Uno. (N.T.)

te, pois devemos nos transportar, em pensamento, à época em que não havia raciocínio neste eu embrionário – nenhuma faculdade imaginativa, nenhuma memória, nem juízo, qualquer das faculdades condicionadas da mente que conhecemos; à época em que toda a vida manifestada era aquela que encontramos no reino mineral, com as mais baixas condições de consciência. Os minerais manifestam consciência por meio de suas atrações e repulsões, ao reterem partículas por suas afinidades mútuas, ao repelirem uns aos outros, porém nada denotam daquela consciência que pode ser chamada de reconhecimento do "eu" e do "não eu".

Em cada uma dessas inferiores formas no reino mineral, a vida de *Īshvara* está começando a desabrochar. Não apenas o germe de vida está aí evoluindo, mas Ele, em toda Sua grandeza e poder, está em cada átomo de Seu universo. Sua é a vida movente que torna inevitável a evolução. Sua é a força que gentilmente expande as paredes da matéria com imensa paciência e cuidadoso amor, para que não se rompam com o esforço. Deus, Ele mesmo o Pai da vida, retém essa vida dentro de Si como Mãe, tornando a semente semelhante a Ele mesmo, sem jamais ser impaciente, sem jamais ser apressado, mas disposto a conceber todo o tempo, das incontáveis eras, de quanto possa precisar o pequeno germe. O tempo nada representa para *Īshvara*, pois Ele é eterno e para Ele tudo É. O que Ele busca é a perfeição da manifestação, e não há pressa em Sua obra. E veremos, posteriormente, como atua essa paciência infinita. O homem, que deve ser a imagem do Pai, traz dentro de si o reflexo do Ser com o qual ele é uno e do qual proveio.

A vida deve ser despertada, mas como? Por meio de impactos, de vibrações, a essência interna é chamada à atividade. A vida é posta em atividade por meio de vibrações que a tocam a partir do exterior. Essas miríades de sementes de vida, ainda não conscientes de si mesmas, envoltas na matéria, são lançadas umas contra as outras nos infinitos processos da Natureza; mas a "Natureza" é apenas a vestimenta de Deus, é apenas a manifestação inferior na qual Ele Se mostra no plano material. Essas formas colocam-se umas contra as outras, abalando, assim, os invólucros de matéria pelos quais a vida está envolta, e a vida interior vibra ao golpe desferido.

Ora, a natureza do impacto não tem qualquer importância. Tudo o que importa é que o impacto seja forte. Toda experiência é útil. Qualquer coisa que atinja aquele invólucro tão fortemente que faça com que a vida interior estremeça em resposta é tudo que se quer a princípio. A vida interna deve ser posta a estremecer; isto despertará nela alguma faculdade nascente. Inicialmente, é apenas um estremecimento dentro dela própria e nada mais que isso, sem qualquer resultado sobre o invólucro externo. Mas à medida que é repetido impacto após impacto, e uma vibração após outra envia ondas de choques, como terremotos, a vida interior exterioriza uma resposta, em forma de palpitação, através da veste que a envolve. O impacto provocou uma resposta.

Atinge-se, então, um outro estágio – a resposta provém da vida oculta e projeta-se além da veste. Isto continua ao longo dos reinos mineral e vegetal. No reino vegetal, as respostas das vibrações causadas pelo contato começam a mostrar uma nova faculdade da vida: a sensação. A vida começa a demonstrar em si aquilo que chamamos de "sentimento", isto é, diferentes respostas são dadas ao prazer e à dor. O prazer é fundamentalmente harmonioso. Tudo que proporciona deleite é harmonioso. Tudo que causa dor é dissonante. Pensemos na música. As notas rítmicas, tocadas juntas sob a forma de um acorde, dão ao ouvido a sensação de prazer. Mas se tocarmos as cordas sem prestarmos atenção às notas, criaremos dissonância, que causa desagrado ao ouvido. O que é verdadeiro com relação à música é verdadeiro com relação a tudo mais. Saúde é harmonia, doença é dissonância. Força é harmonia, fraqueza é dissonância. Beleza é harmonia, fealdade é dissonância. Em toda a Natureza, o deleite consiste na resposta de um ser senciente às vibrações que são harmônicas e rítmicas, e a dor a resposta ao que é dissonante e não rítmico. As vibrações rítmicas criam um canal de saída através do qual a vida consegue se expandir, e essa efusão é "prazer"; as vibrações não rítmicas obstruem os canais e frustram a efusão, e essa frustração é "dor".[54]

A efusão de vida projetando-se para fora rumo a objetos é o que chamamos de "desejo"; por isso, o prazer torna-se a gratificação do desejo. Esta diferença começa a se fazer sentida no reino vegetal. Ocorrendo um impacto harmonioso, a vida responde a ele com vibrações harmoniosas e se expande, sentindo "prazer" nessa expansão. Ao sobrevir um impacto dissonante, a vida responde a essa dissonância e é reprimida, sentindo "dor" nessa repressão. Os impactos ocorrem muitas e muitas vezes, e somente quando tiver se repetido miríades de vezes começará a surgir um reconhecimento da distinção entre os dois nessa vida aprisionada. Somente ao fazer distinções é que nossa consciência, como está atualmente constituída, é capaz de reconhecer um e outro objeto. Tomemos uma ilustração bastante comum. Coloquem uma moeda na palma da mão e fechem os dedos em torno da moeda; vocês a sentem, mas com a continuidade da pressão, sem qualquer variação, a sensação na mão desaparece e vocês não sabem se a mão está ou não vazia. Movam um dedo e sentirão a moeda; mantenham a mão parada e a sensação desaparece. Assim, a consciência só pode conhecer as coisas por meio das diferenças. E quando a diferença é eliminada, a consciência deixa de responder.

Chegamos à faculdade seguinte, que se manifesta enquanto a vida evolui através do reino animal. Agora, prazer e dor são

---

[54] O estudante deve elaborar em detalhe este princípio fundamental, que irá aclarar em muito seus pensamentos.

sentidos intensamente, e tem início um germe de reconhecimento, ligando objetos e sensações; nós o denominamos "percepção". O que quer dizer isto? Significa que a vida desenvolve o poder de formar um elo entre o objeto que a impressiona e a sensação por meio da qual ela responde ao objeto. Quando essa vida nascente entra em contato com um objeto externo, reconhece-o como causador de prazer ou de dor, dizemos, então, que o objeto é percebido; a faculdade de percepção, ou a criação de elos entre os mundos interior e interior, desenvolve-se quando esse elo é estabelecido. O poder mental começa a germinar e a crescer no interior desse organismo; nós o encontramos nos animais superiores.

Vejamos o homem selvagem, para podermos passar mais rapidamente por sobre esses primeiros estágios. Encontramos a consciência do "eu" e do "não eu" lentamente se estabelecendo nele, caminhando conjuntamente. O "não eu" o toca, e o "eu" o sente; o "não eu" lhe proporciona prazer, e o "eu" o conhece; o "não eu" lhe causa dor, e o "eu" sofre. Existe agora uma distinção entre o sentimento, visto como "eu", e tudo o que possa ser sua causa, visto como "não eu". Aqui começa a inteligência, e a raiz da autoconsciência está começando a se desenvolver, isto é, *um centro* está sendo formado, para o qual tudo converge e do qual tudo provém.

Mencionei a repetição das vibrações, e agora a repetição produz resultados mais rapidamente. Quando a repetição provoca a percepção de objetos que causam prazer, ocorre o desenvolvimento do estágio seguinte, a expectativa do prazer antes que ocorra o contato. O objeto é reconhecido como aquilo que proporcionou prazer em ocasiões prévias; uma repetição do prazer é esperada, e essa expectativa é o alvorecer da memória e o início da imaginação, o entremear de intelecto e desejo. Como o objeto proporcionou prazer anteriormente, espera-se que ele proporcione prazer novamente. Assim, a expectativa traz à manifestação uma outra qualidade que está germinando na mente. Quando temos o reconhecimento do objeto e a expectativa do prazer de seu retorno, o estágio seguinte é a criação e a vivificação de uma imagem mental desse objeto – a memória dele – causando, deste modo, uma efusão de desejo, de possuir aquele objeto, a ânsia por aquele objeto, e finalmente o ímpeto em busca do objeto que proporciona sensação prazerosa. Consequentemente, o homem torna-se pleno de desejos ativos. Ele deseja prazer e é movido a buscá-lo pela mente. Durante um tempo muito longo ele permaneceu no estágio animal, no qual jamais foi em busca de algo a não ser que uma verdadeira sensação em seu corpo o fizesse querer alguma coisa que somente o mundo externo pudesse proporcionar. E nos voltemos, por um momento, ao estágio animal. Pensemos no que impulsiona o animal à ação – o anelo de se livrar de uma sensação desagradável. Ele sente fome, ele deseja alimento e vai em busca dele; ele tem sede, deseja saciá-la e vai em busca de água. Portanto, ele sempre vai em busca do objeto que satisfará o seu desejo. Ao ter a satisfação de seu desejo, ele se aquieta. Não existe movimento autônomo no animal – o estímulo precisa vir do exterior. Certamente, a fome está no corpo, mas fora do centro de consciência. A evolução da consciência pode ser delineada pela proporção que o estímulo externo à ação guarda com relação ao estímulo autônomo. A consciência inferior é estimulada à atividade por impulsos oriundos do exterior. A consciência superior é estimulada à atividade por movimento iniciado no interior.

    Ora, quando consideramos o selvagem, descobrimos que a satisfação do desejo é a lei de seu progresso. Isto pode soar estranho para muitos de vocês. Diz *Manu* que buscar livrar-se dos desejos satisfazendo-os é como tentar apagar o fogo lançando manteiga derretida sobre ele. O desejo deve ser contido e refreado; deve ser totalmente extinto. Certamente que isto é verdadeiro, mas somente quando o homem alcançou um certo estágio de evolução. Nos estágios primitivos, a satisfação dos desejos é a lei de evolução. Se ele não satisfaz os seus desejos, não há crescimento possível para ele. Devemos compreender que, nesse estágio, não há nada que possa ser chamado de "moralidade". Não existe distinção entre certo e errado. Todo desejo deve ser satisfeito; somente quando este recém-formado centro de autoconhecimento está buscando satisfazer seus desejos é que ele cresce. Nesse estágio inferior, o *Dharma* do homem selvagem, ou do animal superior, lhe é imposto. Ele não escolhe; sua natureza interior, caracterizada pelo desenvolvimento do desejo, exige satisfação. A lei de seu crescimento é a satisfação desses desejos, de modo que o *Dharma* do selvagem é a gratificação de cada desejo. E nele não se encontra consciência de certo ou errado, nem a mais remota noção de que a satisfação dos desejos seja proibitiva por alguma lei superior.

Sem essa satisfação dos desejos, não há crescimento posterior. Todo esse crescimento deve preceder a aurora da razão, do julgamento e do desenvolvimento das faculdades superiores de memória e imaginação. Tudo isto precisa ser expandido por meio da gratificação do desejo. A experiência é a lei da vida, é a lei do crescimento. A não ser que ele acumule experiências de todo tipo, ele não consegue saber que vive em um mundo submetido à Lei. Há duas maneiras pelas quais a Lei se impõe ao homem: pelo prazer, quando é observada; e pela dor, quando lhe é feita oposição. Se, nesse estágio primitivo, os homens não tivessem todo tipo de experiências, como poderiam aprender sobre a existência da Lei? Como poderia surgir o discernimento entre certo e errado, a não ser pela experiência tanto do bem quanto do mal? Um universo jamais pode vir à existência senão pelos pares de opostos; e estes, em um determinado estágio, surgem na consciência como bem e mal. Não se pode conhecer a luz sem conhecer as trevas, o movimento sem o repouso, o prazer sem a dor; assim, não se pode distinguir o bem, que é harmonia com a Lei, sem conhecer o mal, que é dissonante da Lei. Bem e mal são um par de opostos na evolução posterior do homem, e o homem não consegue tornar-se consciente da diferença entre eles a não ser que tenha a experiência de ambos.

Ocorre, agora, uma mudança. O homem desenvolveu certa faculdade de discernimento. Abandonado a si próprio, com o tempo ele saberá que algumas coisas o ajudam a progredir, que algumas coisas o fortalecem, que algumas coisas incrementam sua vida; aprenderá também que outras coisas o enfraquecem e diminuem sua vida. A experiência lhe ensinará tudo isto. Entregue unicamente ao ensinamento da experiência, ele aprenderá a distinguir o certo do errado, identificará o que causa prazer e incrementa a vida com o que é certo, e distinguirá o que causa dor e diminui a vida como o que é errado; e assim chegará à conclusão de que toda felicidade e crescimento jazem na obediência à Lei. Mas levará muito tempo para que essa inteligência nascente compare em conjunto as experiências de prazer e dor com as experiências confusas, nas quais aquilo que, a princípio, causava prazer tornou-se doloroso pelo excesso; e então, a partir dessa comparação, deduza o princípio da Lei. Será um longo tempo até que possa reunir inúmeras experiências e delas deduzir a ideia de que esta coisa é certa e aquela é errada. Mas ele não é deixado desamparado para fazer estas deduções. Acorrem a ele, de mundos passados, Inteligências mais altamente desenvolvidas do que a sua própria, Instrutores que vêm auxiliar sua evolução, orientar seu crescimento, falar-lhe sobre a existência de uma lei que determina aquilo que incrementará sua evolução, aumentando sua felicidade, inteligência e força. Aliás, a revelação recebida diretamente da boca de um Instrutor acelera a evolução, e em vez de o homem ser deixado ao lento ensinamento da experiência, a expressão da Lei proferida pelos lábios de um Ser superior tem o propósito de lhe assistir em seu crescimento.

O Instrutor aproxima-se e diz a essa inteligência nascente: "Se matares aquele homem, estarás cometendo uma ação que eu proíbo por autoridade divina. Essa ação é *errada*. Ela trará sofrimento". O Instrutor diz: "É *certo* dar auxílio aos que passam fome; o homem que está morrendo de fome é teu irmão – alimenta-o, não o deixes morrer de fome, divide com ele o que tens. Essa ação é *certa*; e se obedeceres à lei, somente o bem ocorrerá a ti". São oferecidas recompensas às ações para atrair a inteligência nascente rumo ao bem, e castigos e ameaças para adverti-la contra o erro. A prosperidade terrestre está associada com a obediência à lei; o sofrimento terrestre, com a desobediência à lei. Esta proclamação da lei, de que o sofrimento segue àquilo que a lei proíbe e a felicidade àquilo que a lei ordena, estimula a inteligência nascente. Se esta inteligência desconsidera a lei, segue-se o castigo; ela sofre e diz: "O Instrutor me havia advertido". A memória de uma ordem comprovada pela experiência causa uma impressão muito mais rápida e fortemente na consciência do que apenas a experiência, sem a revelação da lei. Por meio da declaração do que os eruditos chamam de princípios fundamentais de moralidade – ou seja, que certas classes de ações retardam a evolução e outras a aceleram –, a inteligência é imensamente estimulada.

Se um homem se recusa a obedecer à lei declarada, então ele é abandonado ao duro ensinamento da experiência. Se ele diz: "Terei aquela coisa, embora a lei o proíba", então ele é deixado ao severo ensinamento da dor, e o açoite do sofrimento lhe ensina a lição que ele não quis aprender pelos lábios do amor.

Isso ocorre muito frequentemente no presente. Quantas vezes um jovem, controverso e presunçoso, não dá ouvidos à lei, não dá ouvidos aos experientes, não tem qualquer consideração para com o treinamento do passado! O desejo subjuga a inteligência. Seu pai está desolado: "Meu filho mergulhou no vício", diz ele; "meu filho está seguindo o caminho do mal. Eu o instruí na reta conduta e, veja, ele se tornou um mentiroso; meu coração está partido por meu filho". Mas *Īshvara*, o Pai mais amoroso que qualquer pai terreno, tem paciência; pois Ele está presente tanto no filho quanto no pai. Ele está no filho ensinando-lhe uma lição, da única maneira por meio da qual essa alma consente em aprender. Ele não quis aprender pela autoridade ou pelo exemplo. A despeito de todos os riscos, esse desejo pela coisa má que está retardando sua evolução deve ser extirpado de sua natureza. Se ele não quer aprender pela gentileza, então que aprenda pela dor. Que aprenda pela experiência; que mergulhe no vício e colha o amargo tormento por ignorar a lei. Há tempo; ele certamente aprenderá a lição, embora de maneira dolorosa. Deus está nele, e ainda assim Deus lhe permite seguir aquele caminho; mais ainda, Ele até mesmo mostra o caminho que o jovem deve seguir. À recusa do jovem, a resposta de Deus é: "Filho meu, se não queres me ouvir, segue teu próprio caminho e aprende a lição no fogo de tua agonia e na amargura de tua degradação. Eu ainda estou contigo, velando por ti e por tuas ações – o Cumpridor da Lei e o Pai de tua vida. No lodo da degradação, descobrirás a cessação do desejo que não quiseste aprender pela sabedoria nem pelo amor". É por isso que Ele diz no *Bhagavad-Gītā*: "Eu sou a trapaça do trapaceiro". Pois Ele está sempre pacientemente trabalhando pelo fim glorioso; por caminhos acidentados, se não quisermos seguir o caminho aprazível. Nós, incapazes de compreender essa infinita compaixão, O interpretamos mal, mas Ele segue atuando com a paciência da eternidade, para que o desejo possa ser totalmente extirpado e Seu filho possa ser perfeito como é perfeito seu Pai no céu.

    Sigamos para o estágio seguinte. Existem certas grandes leis de crescimento que são de caráter geral. Aprendemos a considerar determinadas coisas como certas e outras como erradas. Cada nação tem seu próprio padrão de moralidade. Somente uns poucos sabem como foi formado o padrão e onde ele é falho. Para os afazeres comuns, o padrão é suficientemente bom. A experiência da raça descobriu, sob orientação da lei, que algumas ações retardam a evolução enquanto outras a impulsionam. A grande lei da evolução metódica que se segue aos estágios primitivos é a lei dos quatro passos sucessivos no posterior crescimento humano. Isto ocorre após o homem ter alcançado um certo ponto, após o término do treinamento preliminar. Ela é encontrada em cada nação em um determinado estágio de evolução, mas foi proclamada na Índia antiga como a lei definitiva da vida em evolução, como a ordem sequencial do crescimento da alma, como o princípio subjacente por meio do qual o *Dharma* pode ser compreendido e seguido. O *Dharma*, lembrem-se, inclui dois elementos: a natureza interna no ponto alcançado pela alma e a lei de seu crescimento para o estágio seguinte. O *Dharma* é declarado a todo homem.

O primeiro *Dharma* é o do *serviço*. Não importa em que país nasça a alma quando tiver ultrapassado os estágios primitivos, então sua natureza interior exige a disciplina do serviço; e pelo serviço ela aprende as qualidades necessárias para atingir o estágio seguinte. Nesse estágio, o poder de ação independente é muito limitado. Nesse estágio comparativamente primitivo, existe maior tendência para ceder ao impulso oriundo do exterior do que manifestar um juízo maduro, escolhendo um direcionamento particular provindo do interior. Nesta classe são vistos todos aqueles que pertencem ao tipo do servidor. Lembremos as sábias palavras de Bhīshma, de que se as características de um *Brāhmana* são encontradas num *Shūdra* e não em um *Brāhmana*, então aquele *Brāhmana* não é um *Brāhmana* e aquele *Shūdra* não é um *Shūdra*. Em outras palavras, as características da natureza interior determinam o estágio do crescimento daquela alma e a identificam como pertencente a uma ou outra grande divisão natural. Quando o poder de iniciativa é pequeno, o juízo não é exercitado, a razão é escassa e pouco desenvolvida, onde o Ser está inconsciente de seu elevado destino, sendo movido principalmente pelo desejo; quando o homem ainda precisa evoluir pela gratificação da maioria mas não de todos os desejos, esse homem é alguém cujo *Dharma* é o serviço; e somente pelo desempenho desse *Dharma* pode ele seguir a lei de crescimento por meio da qual alcançará a perfeição. Esse homem é um *Shūdra*, qualquer que seja a denominação que possa ter em diferentes países. Na Índia antiga, as almas portadoras das características deste tipo nasciam nas classes que lhes eram mais convenientes, pois os Devas guiavam seus nascimentos. Nesta nossa era, no entanto, sobreveio a confusão.

Qual é a lei de crescimento nesse estágio? Obediência, devoção, fidelidade – esta é a lei de crescimento para esse estágio. Obediência, porque sua capacidade de julgar não está desenvolvida. O indivíduo cujo *Dharma* é o serviço tem de obedecer cegamente àquele a quem presta serviço. Ele não deve discutir a ordem de seu superior, nem ver se a ação a executar é sábia. Ele recebeu uma ordem para fazer algo, e seu *Dharma* é a obediência, através da qual, somente, ele será capaz de aprender. As pessoas hesitam perante este ensinamento, mas ele é verdadeiro. Darei um exemplo que os impressionará fortemente – o de um exército, de um soldado raso sob o comando de seu capitão. Se cada soldado fizesse seu próprio julgamento quanto às ordens dadas pelo general e resolvesse dizer: "Isto não está bom; segundo meu ponto de vista, aquele é o lugar onde eu serei mais útil", o que seria do exército? O soldado seria fuzilado se desobedecesse, pois seu dever é a obediência. Enquanto nosso juízo é débil, quando somos movidos principalmente por impulsos oriundos do exterior, quando não conseguimos ser felizes sem tumulto, algazarra e discussão à nossa volta, então nosso *Dharma* é o serviço, onde quer que tenhamos nascido, e seremos felizes se nosso *karma* nos levar a uma posição onde a disciplina nos treine.

E assim o homem aprende a se preparar para o estágio seguinte. E é dever de todos aqueles que estão em posição de autoridade lembrar que o *Dharma* de um *Shūdra* é realizado quando ele é obediente e fiel a seu senhor; e não se deve esperar que alguém nesse grau de evolução demonstre virtudes superiores. Exigir dele contentamento em meio ao sofrimento, pureza de intenções e a capacidade de sofrer revezes de bom grado seria exigir demais; pois se nós mesmos muitas vezes não manifestamos essas qualidades, como podemos esperá-las daqueles que pertencem à classe que chamamos "inferior"? O dever do superior é manifestar virtudes superiores, mas ele não tem o direito de exigi-las dos que lhe são inferiores. Se o servidor demonstra fidelidade e obediência, seu *Dharma* está perfeitamente cumprido, e outras faltas não devem ser punidas, mas devem ser gentilmente apontadas pelo instrutor, pois, ao fazê-lo, ele está treinando aquela alma mais jovem; a alma infantil deve ser gentilmente guiada ao longo da senda, e seu crescimento não deve ser retardado pelo tratamento áspero, como geralmente acontece.

Então a alma, tendo aprendido esta lição em muitos nascimentos, obedeceu à lei do crescimento ao assimilar a lição; e por seguir seu *Dharma* aproximou-se do estágio seguinte, no qual deve aprender o primeiro uso do poder pela aquisição de riqueza. Portanto, o *Dharma* daquela alma é desenvolver todas as qualidades que estão agora prontas para tal, o que ocorrerá ao viver a vida exigida pela natureza interior, isto é, ao assumir alguma ocupação requerida pelo próximo estágio, onde o mérito é adquirir riqueza. O *Dharma* de um *Vaishya* em todo o mundo é desenvolver faculdades definidas. A faculdade de justiça; a equidade entre um homem e outro; não se desviar do dever por simples razões sentimentais; o exercício constante das qualidades de astúcia, perspicácia, e a manutenção do justo equilíbrio entre deveres em oposição; o devido pagamento da justa transação; a agudeza de *insight*, a frugalidade, a ausência de desperdício e de extravagância; exigir de cada servidor o serviço que deve ser prestado, o pagamento de justos salários, não mais do que justos, porém – essas são as características que o habilitam para o crescimento superior. É um mérito no *Vaishya* ser frugal, recusar-se a pagar mais do que deve, insistir numa transação justa e imparcial. Tudo isso desenvolve qualidades que lhe são necessárias e que o conduzirão à perfeição futura. Nos estágios primitivos, elas são às vezes desagradáveis; mas do ponto de vista superior, elas são o *Dharma* daquele homem, e se não for cumprido, haverá fraqueza no caráter, que surgirá posteriormente e prejudicará sua evolução. A liberalidade é, certamente, a lei de seu crescimento ulterior, mas não a liberalidade da negligência ou da generosidade afetada. Ele deve acumular riqueza pelo exercício da frugalidade e da severidade, e então despender a riqueza em motivos nobres, financiar homens cultos ou aplicá-la em esquemas dignos e bem considerados, visando o bem público. Acumular com energia e astúcia, e gastar com discriminação e liberalidade cuidadosas – esse é o *Dharma* de um *Vaishya*, o corolário de sua natureza e a lei de seu ulterior crescimento.

 Isto nos leva ao estágio seguinte, dos governantes e guerreiros, de batalhas e combates, onde a natureza interior é combativa, agressiva e irascível, mantendo-se em seu próprio posto e pronta para proteger todos no desfrute do que é certo. A coragem, o destemor, a esplêndida generosidade, o sacrifício da vida na defesa dos fracos e no cumprimento do dever – esse é o *Dharma* do *Kshatttriya*. Seu dever é proteger de toda agressão oriunda do exterior o que lhe é, em troca, confiado. Isto pode lhe custar a vida; mas não importa, ele deve cumprir seu dever. Proteger, zelar, esse é seu trabalho. Sua força consiste em ser uma barreira entre os fracos e os opressores, entre os desamparados e aqueles que os queiram pisotear. É certo, para ele, guerrear e lutar na floresta contra as feras. Por não entendermos o que é a evolução e a lei do crescimento, ficamos consternados perante os horrores da guerra. Mas os grandes *Rishis*, que assim dispuseram, sabiam que uma alma fraca jamais atingiria a perfeição. Não podemos adquirir força sem coragem; e firmeza e coragem não podem ser obtidas sem se enfrentar o perigo e ter a prontidão para renunciar à vida quando o dever demanda o sacrifício.

O pseudomoralista, sentimental, indeciso, recua perante esse ensinamento. Mas esquece que em toda nação existem almas que precisam desse treinamento e cuja evolução subsequente depende do sucesso em atingi-lo. Apelo aqui mais uma vez para Bhīshma, a personificação do *Dharma*, e relembro o que ele disse, que é dever do *Kshattriya* imolar milhares de inimigos se seu dever de proteção aponta nessa direção. A guerra é terrível, lutar é chocante, nossos corações se revoltam, e recuamos perante a angústia de corpos mutilados e dilacerados. Em grande parte, isto ocorre porque somos completamente iludidos pela forma. A principal utilidade do corpo é permitir que a vida em seu interior evolua. No entanto, no momento que se aprendeu tudo que o corpo pode dar, deixe-se que o corpo desprenda-se e que a alma liberta assuma um novo corpo, que lhe permitirá manifestar faculdades superiores. Não podemos penetrar a *Māyā* do Senhor. Esses nossos corpos devem perecer repetidas vezes, mas cada morte é uma ressurreição para a vida superior. Esse corpo nada mais é do que uma vestimenta que a alma assume, e nenhum sábio gostaria que o corpo fosse eterno. Vestimos nosso filho com um casaco pequeno e o trocamos quando a criança cresce. Mas faríamos um casaco de ferro, que impedisse o crescimento da criança? Assim, esse corpo é o nosso casaco. Deverá ele, então, ser de ferro para que jamais pereça? Será que a alma não requer um novo corpo para seu crescimento superior? Então, que o corpo se vá. Esta é a dura lição que o *Kshattriya* aprende ao lançar fora sua vida física; e ao fazê-lo, sua alma se beneficia com o poder do autossacrifício, assimilando resistência, força, coragem, destreza, devoção a um ideal, lealdade a uma causa. O *Kshattriya* paga alegremente o preço dessas qualidades com seu corpo; a alma imortal eleva-se triunfante, preparando-se para uma vida mais nobre.

Chegamos, então, ao último estágio, o estágio do ensinamento. O *Dharma* desse estágio é ensinar. A alma deve ter assimilado todas as experiências inferiores antes que possa ensinar. Se ela não tivesse passado por todos aqueles estágios prévios, e obtido sabedoria através da obediência, do esforço e do combate, como poderia ser um instrutor? Ela alcançou o estágio de evolução onde a expansão natural de sua natureza interior é ensinar a seus irmãos mais ignorantes. Essas qualidades não são artificiais. São qualidades inatas e se manifestam onde quer que existam. Um *Brāhmana* não é *Brāhmana* se, em função de seu *Dharma*, ele não for um instrutor. Ele obteve o conhecimento e o nascimento favoráveis para torná-lo um instrutor.

A lei de seu crescimento é o conhecimento, a piedade, o perdão, ser amistoso a toda criatura. Como o *Dharma* mudou! Mas ele não poderia ser um amigo de toda criatura se não tivesse aprendido a sacrificar sua vida quando chamado pelo dever; e a própria batalha treinou o *Kshattriya* a se tornar, num estágio posterior, amigo de cada criatura. Qual é a lei de crescimento de um *Brāhmana*? Ele jamais deve se ofender, de modo algum perder o autocontrole, nunca ser precipitado. Deve ser sempre gentil; do contrário, ele decai de seu *Dharma*. Ele deve ser todo pureza. Jamais deve cometer maldades na vida. Deve afastar-se das coisas mundanas, se elas ainda exercerem atração sobre ele. Estou sustentando um padrão impossível? Apenas expresso a lei como fizeram os Grandes Seres, e repito suas palavras de maneira muito débil. A lei estabeleceu um padrão, e quem ousará diminuí-lo? Quando o próprio Shrī Krishna proclamou este como sendo o *Dharma* do *Brāhmana*, esta deve ser a lei de seu crescimento; e o objetivo de seu crescimento é a libertação. A libertação o espera, mas apenas se ele manifestar as qualidades que certamente alcançou e seguir o sublime ideal que é seu *Dharma*. Estas são as únicas justificativas para a denominação de *"Brāhmana"*.

Este ideal é tão belo que todos os homens sérios e perspicazes aspiram alcançá-lo. Mas a sabedoria intervém e diz: "Sim, será seu, mas você terá que conquistá-lo; deverá crescer e trabalhar. Será verdadeiramente seu, mas não até que você tenha pago o preço". É importante, para o nosso próprio crescimento e para o crescimento das nações, que esta distinção entre os *Dharmas* seja entendida como dependente do estágio de evolução e que sejamos capazes de discernir nosso próprio *Dharma* a partir das características que encontramos em nossa natureza.

Se, perante uma alma despreparada, colocamos um ideal tão sublime que não a sensibilize, nós retardamos sua evolução. Se apresentamos a um camponês o ideal de um *Brāhmana*, estamos colocando diante dele um ideal impossível, e o resultado é que ele nada faz. Quando dizemos a um homem algo demasiado elevado para ele, este homem sabe que estamos sendo insensatos, pois lhe ordenamos fazer algo que ele não tem o poder de fazer; nossa insensatez colocou perante ele motivos que não o sensibilizam. Muito mais sábios foram os instrutores de outrora. Eles ofereciam doces às crianças e posteriormente as lições superiores. Mas somos tão hábeis que invocamos ao mais baixo dos pecadores por motivos que incitam apenas o mais elevado santo; e assim, em vez de promover, nós retardamos sua evolução. Coloquem seu próprio ideal tão alto quanto possam. Mas não imponham seu ideal ao seu irmão, cuja lei de crescimento pode ser totalmente diferente da sua. Aprendam a tolerância que auxilia cada homem a realizar em seu nível aquilo que é bom para ele, o que a natureza dele o impele a realizar. Deixando-o em seu nível, vocês o auxiliam. Assimilem aquela tolerância que não repele ninguém, por mais pecador que seja; que vê em cada homem uma divindade atuando e que se põe ao lado dele para auxiliá-lo. Em vez do isolamento a partir do alto de algum pico de espiritualidade, pregando uma doutrina de autossacrifício que está totalmente além de sua compreensão, ao instruírem a alma jovem, usem o egoísmo superior que há nela para destruir o inferior. Não digam ao lavrador que quando ele não é diligente está decaindo de seu ideal; mas falem àquele homem: "Aí está sua esposa; você ama essa mulher. Ela está passando fome; trabalhe para alimentá-la". Por meio desse motivo, que certamente é egoísta, vocês fazem mais para elevar esse homem do que se lhe pregarem a respeito de *Brahman*, o incondicionado e imanifestado. Aprendam o que significa *Dharma*, e serão úteis ao mundo.

Não desejo diminuir o mínimo que seja o seu próprio ideal; vocês não podem almejar alto demais. O fato de que vocês possam concebê-lo o torna seus, mas não o torna o *Dharma* de seu irmão mais jovem e menos desenvolvido. Almejem o mais sublime que sejam capazes de conceber e amar. Mas ao almejá-lo, considerem os meios e o fim, suas faculdades e suas aspirações. Elevem suas aspirações. Elas são os germes de poderes em sua próxima existência. Ao manterem seu ideal sempre elevado, vocês se desenvolverão em direção a ele; aquilo por que ansiarem hoje, vocês o serão em dias vindouros. Mas tenham a tolerância do conhecimento e a paciência que é divina. Cada coisa em seu próprio lugar está no lugar certo. À medida que se desenvolve a natureza superior, vocês poderão recorrer às qualidades de autossacrifício, pureza e total autodevoção, à vontade firmemente fixada em Deus. Esse é o ideal a ser realizado pelo homem superior. Elevemo-nos gradualmente até ele, para que não fracassemos em alcançá-lo.

CERTO e ERRADO

Durante os dois últimos dias de nosso estudo, voltamos nossa atenção e fixamos nosso pensamento no que, em grande parte, eu chamaria de lado teórico deste complicado problema. Tentamos compreender como surgem as diferenças de natureza e apreender a ideia sublime de que este mundo está destinado a crescer do simples germe de vida concedido por Deus à imagem d'Aquele que lhe emanou. A perfeição desta imagem, conforme vimos, só pode ser alcançada pela multiplicidade de objetos finitos, e a perfeição jaz nesta multiplicidade. Porém, vimos que nessa mesma multiplicidade necessariamente está implícita a limitação de cada objeto. Descobrimos então que, por meio da lei de crescimento, deve existir no Universo, ao mesmo tempo, toda variedade de natureza interior em evolução. Como estas naturezas estão todas em diferentes estágios de evolução, não podemos fazer a todas elas as mesmas exigências, não podemos esperar delas o cumprimento das mesmas funções. A moralidade deve ser estudada em relação a quem vai praticá-la. Ao julgarmos o padrão do que é certo ou errado para um indivíduo particular, devemos considerar que estágio de crescimento esse indivíduo alcançou. A retidão absoluta só existe em *Īshvara*; o certo e o errado que nos cabem são relativos e dependem muito do estágio de evolução que alcançamos.

Esta noite, vou tentar aplicar essa teoria à conduta de vida. Devemos ver se, seguindo a nossa linha de estudos, obtemos uma ideia racional e científica de moralidade, para que não mais incidamos na mesma confusão que é vista atualmente. Pois, por um lado, vemos que são sustentados os ideais que devem ser reproduzidos na vida; e, por outro, descobrimos que existe um absoluto fracasso, mesmo em se ter esses ideais como objetivo; observamos uma divergência assaz infeliz entre fé e prática. Não há moralidade sem leis; como tudo mais em um universo que é a expressão da mente divina, a moralidade possui também suas condições e limitações. Deste modo, pode ser possível produzir um cosmos a partir do atual caos moral e aprender as lições práticas sobre moralidade que permitirão à Índia crescer, desenvolver-se e tornar-se novamente um exemplo para o mundo, reproduzindo sua antiga grandeza, manifestando uma vez mais sua antiga espiritualidade.

Existem três escolas de moralidade reconhecidas entre os povos do Ocidente. Devemos lembrar que o pensamento ocidental vem influenciando muito a Índia, especialmente a geração que está surgindo, sobre a qual repousa a esperança da Índia. Portanto, é necessário que entendamos algo dessas escolas de moralidade ocidentais, que diferem em suas teorias e ensinamentos, nem que seja apenas para aprendermos a evitar suas limitações e delas extrairmos o que quer que de bom tenham a oferecer.

Há uma escola que diz que a revelação oriunda de Deus é a base da moralidade. A objeção levantada pelos oponentes à afirmação é que neste mundo existem muitas religiões, e cada religião tem sua própria revelação. Argumenta-se que, ao se olhar para a variedade de escrituras religiosas, é difícil dizer que apenas uma revelação deva ser considerada como estando baseada em autoridade suprema. É natural que toda religião considere sua própria revelação como suprema; mas, neste conflito de expressões, como o estudante chegará a uma decisão?

Portanto, diz-se também que existe uma falha inerente a essa teoria, afetando todos os padrões morais alicerçados numa determinada revelação transmitida de maneira definitiva. Para que um esquema possa ser útil ao período para o qual é concebido, deve ser de uma natureza adequada à época. À medida que uma nação evolui, e milhares e milhares de anos se passam, descobrimos que aquilo que era adequado para aquela nação em sua infância torna-se inadequado em sua idade madura; muitos preceitos que foram úteis não mais o são atualmente em função das circunstâncias alteradas com o tempo. Identificamos esta dificuldade quando lidamos com as escrituras hindus, pois nelas encontramos uma enorme variedade de ensinamentos morais apropriados a todas as categorias de almas em evolução. Existem preceitos tão simples, tão claros, tão definidos e tão imperativos que a mais jovem das almas pode utilizá-los. Entretanto, vemos também que os *Rishis* reconheciam que esses preceitos não eram destinados ao treinamento de uma alma altamente desenvolvida. Constatamos, na Sabedoria Antiga, que havia também ensinamentos que eram dados a umas poucas almas avançadas – ensinamentos que, na época, eram totalmente ininteligíveis às massas. Esses ensinamentos eram restritos a um círculo interno daqueles que haviam alcançado a maturidade da raça humana. O Hinduísmo sempre reconheceu as diferentes escolas de moralidade como necessárias ao crescimento humano. Mas sempre que, em alguma grande religião, esse reconhecimento não é encontrado, obtém-se uma certa moralidade teórica e inadequada às necessidades de evolução do povo, havendo, portanto, um senso de irrealidade, um sentimento de que não é razoável permitir-se agora o que foi permitido na infância da humanidade. Por outro lado, encontramos aqui e ali, em todas as escrituras, preceitos de caráter mais sublime, que poucos podem sequer esforçar-se em obedecer. Quando um mandamento, conveniente a um ser quase selvagem, torna-se obrigação universal e é repassado com a mesma autoridade e ao mesmo povo que o mandamento destinado ao santo, insinua-se aí o sentimento de irrealidade, resultando em confusão de ideias.

    Temos uma outra escola, que fundamenta a moralidade na intuição – que diz que Deus fala a cada homem através da voz da consciência. Essa escola afirma que a revelação é feita a todas as nações, e que não estamos subordinados a nenhum livro; a consciência é o árbitro final. A objeção feita a esta teoria é que a consciência de um homem tem a mesma autoridade que a de qualquer outro homem. Se a sua consciência difere da consciência de outro homem, quem pode então decidir entre consciência e consciência, entre a consciência do rústico ignorante e a consciência do místico iluminado? Se você declara que admite o princípio da evolução e que deve aceitar como juiz a mais elevada consciência da raça, então a intuição fracassa como uma base sólida de moralidade, e o próprio elemento de variedade destrói a rocha sobre a qual você pretendia construir. A consciência é a voz do homem interno, que lembra as experiências de seu passado e, a partir dessa experiência imemorial, julga uma determinada linha de conduta hoje. A assim chamada intuição é o resultado de incontáveis encarnações; e de acordo com o número delas, a mente evolui a partir daquilo de que depende a qualidade da consciência do indivíduo atual. Essa intuição, pura e simples, não pode ser considerada como guia suficiente em termos de moralidade. Queremos uma voz de comando, e não de uma confusão de idiomas. Precisamos da autoridade do instrutor, e não da tagarelice da multidão.

    A terceira escola de moralidade é a escola do utilitarismo. A visão dessa escola, como é geralmente apresentada, não é nem razoável nem satisfatória. Qual é o lema dessa escola? "Certo é aquilo que proporciona a maior felicidade ao maior número de pessoas." É um axioma que não resiste à análise. Observem as palavras "o maior número de pessoas". Uma limitação assim torna o lema algo que a inteligência iluminada deve rejeitar. Não se trata de maioria quando estamos lidando com a humanidade. Uma vida é a sua raiz; um Deus, a sua meta. Não se pode separar a felicidade de uma pessoa da felicidade de outra. Não se pode romper a unidade sólida e, escolhendo a maioria, dispensar-lhe a felicidade deixando desatendida a minoria. Esta teoria não reconhece a incontestável unidade da raça humana e, portanto, seu axioma malogra como base para a moralidade. Malogra porque, em consequência dessa unidade, um homem não pode ser perfeitamente feliz a não ser que todos os homens o sejam. Fracassa a perfeição de sua felicidade enquanto uma unidade for abandonada e estiver infeliz. Deus não faz distinções quanto às unidades e às maiorias, mas concede uma só vida à humanidade e a todas as criaturas. A vida de Deus é a única vida no Universo; e a felicidade perfeita dessa vida é a meta do Universo.

Então, mais uma vez, este axioma fracassa como motivo impulsor, porque apela apenas para a inteligência desenvolvida, isto é, para a alma altamente evoluída. Se você se dirigisse ao homem mundano, a uma pessoa egoísta, e lhe dissesse: "Você deve levar uma vida de autossacrifício, virtude e moralidade perfeitas, muito embora essa prática possa custar-lhe a vida", o que imaginamos que ele responderia? Esse homem diria: "Por que devo fazer isto pela raça humana, por pessoas a quem jamais verei no futuro?" Se isto for considerado como o padrão de certo e errado, então o mártir torna-se o maior tolo que toda a humanidade já produziu, pois ele lança fora a possibilidade de felicidade sem nada obter em troca. Não se pode adotar este padrão, a não ser limitando a visão aos casos em que se tem uma alma nobre, altamente desenvolvida e, embora não totalmente espiritualizada, com possibilidade de uma espiritualidade nascente. Existem pessoas como William Kingdom Clifford, em cujas mãos a doutrina utilitarista foi inspirada por uma sublime tonalidade. Clifford, num ensaio sobre ética, apela para os mais elevados ideais e oferece os mais nobres ensinamentos sobre autossacrifício. Ele não acreditava na imortalidade da alma; ao se aproximar a morte, foi capaz de se colocar ao lado do túmulo, acreditando que tudo terminava ali, e pregar que a mais elevada virtude é a única coisa que um verdadeiro homem pode praticar, já que ele a deve a um mundo que tudo lhe havia proporcionado. Mas muito poucos extrairão inspiração tão nobre a partir de uma perspectiva tão sombria, e precisamos de uma visão de certo e errado que inspire a todos, que apele a todos, e não apenas àqueles que menos precisam de seu impulso.

Qual foi o resultado de todo esse embate? Confusão, e algo pior: uma falsa aceitação da revelação, velada com uma desconsideração prática. Temos, na verdade, uma revelação modificada pelo costume. Esse é o padrão que emerge dessa confusão. A revelação é aceita teoricamente como autoridade, mas é desconsiderada na prática, porque frequentemente se mostra imperfeita. De modo que se tem esta posição irracional: aquilo que é declarado como autoridade é rejeitado na vida, e vive-se uma vida confiante na sorte, despreocupadamente, sem qualquer lógica ou razão, sem a base de qualquer sistema racional definido.

Podemos encontrar na ideia do *Dharma* uma base mais satisfatória, uma base sobre a qual se possa conduzir inteligentemente a vida? Por mais baixo ou por mais elevado o estágio de evolução ocupado pelo indivíduo, a noção do *Dharma* nos traz o pensamento de uma natureza interior desabrochando por si mesma em crescimento mais extenso, e descobrimos que o mundo, como um todo, está evoluindo – evoluindo do imperfeito para o perfeito, do germe para o homem divino, estágio a estágio, em cada nível de vida manifestada. Essa evolução ocorre pela Vontade divina. Deus é a força motriz, o Espírito Guia do todo. É este o Seu modo de construir o mundo. É este o método que Ele adotou para que os Espíritos, que são Seus filhos, possam reproduzir a imagem do Pai. Será que não há, nesta afirmação, a sugestão de uma lei? A lei na qual "certo" é aquilo que trabalha com o propósito divino na evolução do Universo, promovendo essa evolução do imperfeito ao perfeito; e "errado" é aquilo que retarda ou frustra o propósito divino, tendendo a empurrar o Universo de volta ao estágio do qual está evoluindo. Ele está evoluindo do mineral para o vegetal, do vegetal para o animal, do animal para o homem-animal, e do homem-animal para o homem divino. A lei em que "certo" é aquilo que auxilia a evolução rumo à divindade; e "errado", o que a arrasta para trás ou impede o seu progresso.

Ora, se considerarmos por um momento essa ideia, talvez tenhamos uma visão clara desta lei, e não mais nos sintamos desconfortáveis sobre este aspecto relativo do certo e do errado. Coloquemos uma escada com os pés sobre a plataforma e a elevemos até algum lugar além do teto. Suponhamos que um de vocês se tenha elevado cinco degraus, um outro dois degraus, enquanto um terceiro está de pé sobre a plataforma. Para o homem que subiu cinco degraus, colocar-se ao lado do homem que está no segundo degrau seria regredir; mas para o homem na base da plataforma, colocar-se ao lado daquele no segundo degrau seria para ele ascender. Suponhamos que cada degrau da escada represente uma ação; cada uma delas seria moral e imoral ao mesmo tempo, segundo o ponto de vista do qual a olhamos. A ação que é moral para o homem bruto seria imoral para o homem culto. Para o homem que está no degrau mais elevado da escada, retornar ao degrau inferior é ir contra a evolução e, portanto, tal ação é imoral para ele; mas para um homem em estágio inferior, elevar-se e colocar-se naquele mesmo degrau é moral, porque está de acordo com sua evolução. Assim, as duas pessoas podem estar no mesmo degrau da escada, mas para uma, tendo-se elevado, a ação é moral; para a outra, tendo descido, é imoral. Compreendamos isso, e começaremos a descobrir nossa lei.

Consideremos dois rapazes: um deles é esperto e inteligente, mas muito afeiçoado às gratificações do corpo, aos prazeres da mesa e a qualquer coisa que lhe proporcione deleite sensual. O outro demonstra uma espiritualidade nascente, é brilhante, vivaz e intelectual. Consideremos um terceiro rapaz, com uma natureza espiritual consideravelmente desenvolvida. Aqui estão os três rapazes. Que motivos usaremos para ajudar na evolução de cada um deles? Dirijamo-nos ao que adora prazeres sensuais. Se eu lhe disser: "Meu filho, sua vida deve ser de perfeito altruísmo, você deve levar uma vida asceta", ele irá dar de ombros e se afastará; e eu não o terei ajudado a subir um único degrau da escada. Se eu lhe disser: "Meu rapaz, esses seus prazeres lhe dão deleite momentâneo, mas arruinarão seu corpo e abalarão sua saúde. Observe aquele homem prematuramente envelhecido, que levou uma vida de indulgência sensual; esse será o seu destino se continuar assim. Não seria melhor dedicar parte do seu tempo ao cultivo da mente, a aprender algo, para que possa escrever um livro ou compor um poema, ou ajudar em alguma obra do mundo? Você pode ganhar dinheiro e obter saúde e fama, e com isso satisfazer sua ambição; reserve algum dinheiro de vez em quando para comprar um livro, em vez de gastar com jantares". Dirigindo-me a ele dessa maneira, despertarei nesse jovem uma ideia de ambição; ambição egoísta – admito –, mas ele ainda não possui o poder para responder ao apelo do autossacrifício. A ambição como motivação é egoísmo, mas de um tipo superior ao da gratificação sensual; e quando isso lhe oferece algo de intelectual, eleva-o acima do bruto, coloca-o no nível do homem que está desenvolvendo o intelecto, ajudando-o a se elevar mais alto na escala da evolução. Esse é um ensinamento mais sábio para ele do que o altruísmo impraticável, e lhe oferece não um ideal perfeito, mas um ideal condizente com sua capacidade.

    No entanto, quando me dirigir ao meu jovem intelectual com a espiritualidade nascente, colocarei perante ele o ideal de servir o país, de servir a Índia; farei disto o objeto de sua meta, em parte egoísta e em parte altruísta, ampliando assim sua ambição e ajudando em sua evolução. Quando me dirigir ao jovem de natureza espiritual, deixarei de lado todos os motivos inferiores e, ao contrário, apelarei à eterna lei de autossacrifício, à devoção à Vida Una, à adoração dos Grandes Seres e de Deus. Ensinarei o Discernimento e a Imparcialidade, e desse modo ajudarei a natureza espiritual a desabrochar suas infinitas possibilidades. Portanto, compreendendo a moralidade como algo relativo, somos capazes de trabalhar de modo eficaz. Se fracassamos em ajudar cada alma, em seu próprio lugar, é porque somos instrutores mal treinados.

Em toda nação, existem algumas coisas definidas que são consideradas erradas, tais como assassinato, roubo, mentira, vilania. Todas são reconhecidas como crimes. Essa é visão geral, entretanto ela não é totalmente corroborada pelos fatos. Na prática, até que ponto essas coisas são reconhecidas como morais ou imorais? Por que são identificadas como erradas? Porque a maioria da nação atingiu um certo estágio de evolução, está mais ou menos no mesmo nível de crescimento e, por isso, reconhece essas coisas como sendo más, contrárias ao progresso. O resultado é que a minoria, estando abaixo desse estágio, é considerada como composta de "criminosos". A maioria alcançou um estágio mais elevado de evolução e faz as leis; então, aqueles que não se elevam nem mesmo até o nível inferior atingido pela maioria são chamados de criminosos. Dois tipos de criminosos se apresentam perante a nossa visão. Um tipo sobre o qual não conseguimos causar qualquer impressão ao apelar ao seu senso de certo e errado; são chamados pelo público ignorante de "criminosos consumados". Mas esta é uma visão equivocada e leva a resultados lamentáveis. Eles são simplesmente almas ignorantes, de pouca idade, infantis, crianças na Escola da Vida, e nós não as ajudamos a crescer pisoteando-as e brutalizando-as ainda mais por elas estarem apenas um pouco acima do bruto. Devemos usar todos os meios ao nosso dispor, tudo que nossa razão possa sugerir, para guiar e ensinar essas almas infantis, discipliná-las para usufruírem de uma vida melhor; não as tratemos como criminosos irremediáveis, porque são meros bebês em um berçário.

O outro tipo de criminosos é composto daqueles que sentem um certo remorso e arrependimento após cometer um crime, que sabem que agiram errado. Eles se situam num nível mais elevado, podendo ser auxiliados a resistir ao mal no futuro por meio do sofrimento a eles imposto pela lei dos homens. Eu falei da necessidade de todo tipo de experiência para que a alma possa aprender a discernir entre certo e errado. Precisamos da experiência do bem e do mal até que possamos discernir um do outro, *porém não mais*. No momento em que ambas as linhas de ação forem distintas perante nós e soubermos que uma é certa e a outra é errada, então se seguirmos o caminho errado, estaremos cometendo pecado, estaremos indo de encontro à lei que conhecemos e admitimos. O homem que atingiu este estágio comete pecado porque seus desejos são fortes, instigando-o a escolher a senda que é errada. Ele sofre, e é bom que sofra se segue esses desejos. No momento em que o conhecimento do que é errado se apresenta, nesse mesmo momento há também a degradação deliberada em ceder ao impulso. A experiência do que é errado só é necessária enquanto o errado ainda não foi identificado, e para que seja reconhecido como tal. Quando dois caminhos se apresentam perante um homem sem que, para ele, um não pareça moralmente diferente do outro, então ele pode seguir qualquer um dos caminhos sem cometer erro. Mas no momento em que sabemos que uma coisa é errada, consiste em uma traição a nós mesmos permitir que o bruto em nós subjugue o Deus em nós. Isso é o é que verdadeiramente pecado; é essa a condição da maioria, mas não de todos, os pecadores de hoje em dia.

Deixemos isso de lado e consideremos alguns deslizes particulares um pouco mais detidamente. Consideremos o assassinato; percebemos que o senso comum da comunidade faz distinção entre matar e matar. Se um homem irado toma uma faca e golpeia seu inimigo, a lei chama-o de criminoso e o enforca. Se milhares de homens tomam várias armas e matam milhares de homens, então o assassinato é chamado "guerra". Glória, e não castigo, é conferida àquele que mata nessas circunstâncias. A mesma multidão que vaia o assassino de um inimigo aplaude os homens que mataram dez mil inimigos. Que estranha anomalia é esta? Como podemos explicá-la? Haverá alguma coisa que justifique o veredito da comunidade? Haverá alguma distinção entre os dois atos que justifique a diferença de tratamento? Há. A guerra é uma coisa contra a qual a consciência pública protesta cada vez mais, e em breve vamos considerar este fato do crescimento da consciência pública. Embora devamos fazer tudo que pudermos para evitar a guerra, para semear a paz e educar nossos filhos no amor à paz, há, todavia, uma verdadeira distinção na conduta daquele que mata por crueldade pessoal e a matança que ocorre na guerra; essa diferença tem tão longo alcance que me estenderei um pouco sobre ela. No primeiro caso, é correspondido um rancor pessoal e realizada uma satisfação particular. No segundo, um homem, ao matar o outro, não está gratificando um desejo particular, não está servindo a nenhum objetivo individual, não está buscando ganho pessoal. Os homens estão matando uns aos outros em um ato de obediência a uma ordem emanada de seus superiores, que são os responsáveis pelo espírito de justiça da guerra. Por toda minha vida preguei a paz e me esforcei em mostrar os males da guerra. No entanto, reconheço que há muita coisa na simples disciplina da força militar que é de vital importância para aqueles que estão sujeitos a esse tipo de treinamento. O que o soldado aprende? Ele aprende a obedecer a uma ordem e a ter esmero, agilidade, exatidão, presteza na ação e disposição de passar por privações físicas sem lamentar nem resmungar. Ele aprende a arriscar a vida e a sacrificá-la por um ideal. Não será este um treinamento que tem seu lugar na evolução da alma? Será que a alma não se beneficia desse treinamento? Quando o ideal da pátria inflama o coração; quando homens embrutecidos e incultos sacrificam a vida alegremente por esse ideal, por mais rudes, violentos, ébrios que sejam, eles estão passando por um treinamento que, em vidas futuras, os tornará melhores e mais nobres.

Consideremos, então, uma frase usada por um inglês de uma genialidade um tanto peculiar, Rudyard Kipling, que faz os soldados dizerem que lutarão "pela viúva de Windsor". Isso pode soar um tanto grosseiro, mas é bom para o homem que passa fome, que sofre mutilação no campo de batalha, se ele vê diante de si sua imperatriz, mãe de milhões de pessoas, e oferece sua vida a ela, aprendendo pela primeira vez a beleza da fidelidade, da coragem e da devoção. Eis a diferenciação que, muito vagamente apreendida pelas pessoas, marca a distinção entre a matança particular e a guerra. Pois o interesse daquele é pessoal; o desse, pertence ao eu mais amplo – o eu da nação.

Ao lidar com a questão da moralidade, muitas vezes descemos praticamente abaixo desse ponto de vista. Existem muitos casos de roubo, mentira e morte que a lei dos homens não pune, mas que a lei do *karma* os registra e os traz de volta àquele que os praticou. Muitos atos de roubo estão disfarçados de comércio; muitos atos de fraude estão disfarçados de negócio; muitas mentiras bem arranjadas são classificadas como diplomacia. O crime reaparece sob formas surpreendentes, disfarçado e oculto, e os homens têm de aprender a autopurificação existência após existência. Então, se interpõe uma outra consideração – uma consideração que não posso omitir de forma alguma – antes de chegarmos à essência do pecado: pensamento e ação. Existem algumas ações cometidas pelo homem que são inevitáveis. Vocês não se dão conta do que estão fazendo quando se permitem pensar segundo uma direção errada. Se cobiçam em pensamento o ouro pertencente a um outro homem, agarrando com as mãos da mente, a cada momento, o que não é seu, estão construindo o *Dharma* do ladrão. O *Dharma* é a natureza interior, a natureza interna; e se vocês construírem essa natureza interna a partir de pensamentos nocivos, nascerão com o *Dharma* que os levará à prática de ações viciosas. Essas ações, então, serão praticadas de forma impensada. Vocês têm alguma ideia de quantos de seus pensamentos já os levaram à prática de uma ação? Pode-se represar a água e evitar que ela flua ao longo de um canal, mas no momento em que se fizer uma abertura no dique, a água represada fluirá através da abertura e devastará o dique. O mesmo se dá com o pensamento e a ação. O pensamento se acumula lentamente por trás do dique da ausência de oportunidade. Quanto mais pensamentos, cada vez mais aumenta a correnteza atrás da barreira das circunstâncias. Numa outra vida, essa barreira de circunstâncias cede, e a ação é cometida antes que ocorra qualquer novo pensamento. Esses são os crimes inevitáveis, que às vezes destroem uma grande carreira – quando o pensamento do passado encontra fruição no presente, quando o *karma* do pensamento acumulado surge como ação. Quando a oportunidade chega até você, se você tiver tempo de fazer uma pausa e dizer: "Farei isto?"; essa ação, então, não é inevitável para você. A pausa para pensar significa que se pode pôr aquele pensamento de lado e assim fortalecer a barreira. Não há desculpa para que se pratique uma ação que se considera errada. Inevitáveis são apenas aquelas ações praticadas sem pensar, onde o pensamento pertenceu ao passado e a ação ao presente.

Chegamos agora à grande questão da separatividade: eis que em cada ação jaz a essência do erro. No passado, a separatividade era o certo. O grandioso curso da corrente de vida divina estava se dividindo em multiplicidade; era preciso construir centros individuais de consciência. Enquanto um centro precisar de fortalecimento, a separatividade é necessária ao seu progresso.

As almas, em um determinado período, precisam ser egoístas; elas não conseguem avançar sem egoísmo nos estágios primitivos de crescimento. No entanto, agora a lei de progresso na vida dos mais avançados é a superação da separatividade e a busca da realização da unidade. Estamos, então, na senda que conduz à unidade, nos aproximando cada vez mais uns dos outros. Devemos, neste momento, nos unir para continuarmos a progredir. O propósito é o mesmo, embora o método tenha se alterado através das etapas da evolução. A consciência pública está começando a reconhecer que não é na separatividade, mas na unidade, que jaz o verdadeiro crescimento de uma nação. Estamos tentando substituir a guerra pela arbitragem, a competição pela cooperação, os maus-tratos aos fracos pela proteção a eles; e tudo isto porque a linha de evolução agora segue rumo à unidade, e não à separatividade. A separação é a marca da descida na matéria, e a unificação é a marca da ascensão ao Espírito. O mundo está na fase ascendente, embora milhares de almas estejam retardatárias. O ideal, agora, é paz, cooperação, proteção, fraternidade e assistência. No presente, a essência do pecado jaz na separatividade.

Mas esse pensamento nos leva a outro teste de conduta. Será que estamos praticando a ação que busca nossa própria recompensa, ou aquela que auxilia o bem-estar geral? Será a nossa vida interesseira, inútil, ou de auxílio à humanidade? Se for egoísta, então ela é errada, é prejudicial, é contra o progresso do mundo. Se você está entre aqueles que viram a beleza do ideal da unidade e reconheceram a perfeição da divina humanidade, então deve aniquilar essa heresia da separatividade em você.

Quando consideramos muitos do ensinamentos oriundos do passado e vemos a conduta dos Sábios, surgem algumas perguntas acerca de moralidade que podem ser difíceis de responder. Abordo aqui esta questão para lhes sugerir a linha de raciocínio por meio da qual vocês podem defender os *Shāstras* contra críticos capciosos, permitindo que vocês se beneficiem de Seus ensinamentos sem equívocos. Um grande Sábio nem sempre é, em sua conduta, o exemplo que o homem comum deva esforçar-se por seguir. Quando digo "um grande Sábio", refiro-me a alguém em quem todo desejo pessoal está morto, que não é atraído por nenhum objeto do mundo, cuja vida consiste unicamente na obediência à Vontade divina, que se oferece como um dos canais da força divina para auxiliar o mundo. Ele desempenha as funções de um Deus, e estas diferem muito das funções dos homens.

A Terra está cheia de todo tipo de catástrofes – guerras, terremotos, fome, pestilências, epidemias. Quem as causa? Não existe causa no universo de Deus salvo o Próprio Deus, e essas catástrofes, que parecem tão terríveis, tão chocantes, tão dolorosas, são Sua maneira de nos ensinar quando estamos seguindo o caminho errado. Uma epidemia dizima milhares de homens de uma nação. Uma guerra considerável espalha milhares de mortos no campo de batalha. Por quê? Porque essa nação descuidou da lei divina de seu crescimento e terá que aprender sua lição por meio do sofrimento, se não quis fazê-lo por meio da razão. A epidemia é resultado de se negligenciar as regras de saúde e de uma vida asseada. Deus é muito misericordioso para permitir que uma lei seja negligenciada pelos caprichos, fantasias e sentimentos do homem que lentamente evolui sem lhe chamar a atenção sobre o que é negligenciado. Essas catástrofes são elaboradas pelos Deuses, pelos agentes de *Īshvara*, que, invisíveis ao mundo, administram a Lei divina, como um magistrado administra as leis civis. Exatamente por que são administradores da Lei e estão agindo de modo impessoal, suas ações não servem como exemplo para nós seguirmos; da mesma forma que a ação de um juiz em aprisionar um criminoso não é uma justificativa ao homem comum de que ele pode se vingar de seu inimigo. Vejam, por exemplo, o grande Sábio Nārada. Constatamos que ele incitou a guerra quando duas nações alcançaram um ponto onde o bem maior de cada uma só poderia ser obtido por meio da guerra e da conquista de uma pela outra. Corpos foram mortos; e o melhor auxílio aos homens que assim perecem é que seus corpos sejam suprimidos e que, em novos corpos, eles possam ter maior possibilidade de crescimento. Os Deuses produzem a batalha na qual milhares de homens são mortos. Seria errado para nós imitá-los, porque incitar a guerra com o objetivo de conquista, ganho, ambição, ou por algum motivo onde a personalidade se interponha, é pecaminoso. Mas no caso de Nārada não o é, porque *Devarishis* como ele estão auxiliando o mundo ao longo da senda da evolução pela destruição dos obstáculos. Vocês entenderão algo das maravilhas e dos mistérios do Universo quando perceberem que coisas que podem parecer nocivas do ponto de vista da forma são boas do ponto de vista da vida; tudo que acontece está atuando para maior benefício do mundo. "*Existe* uma divindade que molda nossos objetivos, desbasta-os o melhor possível para nós." A religião está certa quando diz que os Deuses governam o mundo e guiam as nações, e as lideram, até mesmo flagelando-as, para trazê-las à reta senda quando se extraviam.

  Um homem, tomado por sua personalidade e atraído pelos objetos do desejo, cujo eu é integralmente *Kāma*, ao praticar uma ação instigada por *Kāma*, frequentemente comete um crime; mas a mesma ação cometida por uma alma liberta, livre de todo desejo, ao executar a ordem divina, é uma ação reta. Na enorme descrença em que caíram os homens quanto à atuação dos Deuses, essas palavras podem parecer estranhas, mas não existe força na Natureza que não seja a manifestação física de um Deus desempenhando a Vontade do Supremo. Esta é a verdadeira visão da Natureza. Vemos apenas o lado da forma e, enceguecidos por *Māyā*, chamamos a manifestação de mal; mas os Deuses, quando destroem as formas, estão afastando cada obstáculo que dificulta o caminho da evolução.

Podemos compreender aqui uma ou duas daquelas outras perguntas que nos são muitas vezes lançadas frontalmente por aqueles que têm uma visão superficial das coisas. Suponhamos que um homem, ansioso por cometer um pecado, seja impedido de cometê-lo simplesmente pela pressão das circunstâncias; suponhamos que a ansiedade esteja tornando-se cada vez mais forte; qual é a melhor coisa para ele? Ter uma oportunidade de pôr sua ansiedade em ação. Cometer um crime? Sim, mesmo um crime é menos prejudicial à alma do que a contínua ideia fixa martirizando a mente, o câncer crescendo no coração da vida. A ação, uma vez praticada, está morta, e o sofrimento que se segue ensina a lição necessária; mas o pensamento subsiste e se propaga[55]. Vocês compreendem isso? Se compreenderem, então vocês entenderão também por que se vê nas escrituras um Deus colocando, no caminho do homem, uma oportunidade de cometer o pecado que o homem está ansioso por cometer, e que na realidade já cometeu em seu coração. Ele irá sofrer, sem dúvida, por esse pecado, mas aprenderá através do sofrimento que sobrevém ao malfeitor. Se tivesse sido deixado que aquele mau pensamento crescesse em seu coração, ele teria se tornado cada vez mais forte, e gradualmente teria destruído toda a natureza moral do homem. Pois o pensamento é como um câncer que, se não for rapidamente removido, envenenará todo o corpo. É muito mais misericordioso que esse homem peque e sofra do que ele, desejando pecar, seja impedido simplesmente por falta de oportunidade, criando assim uma degradação inevitável em vidas futuras.

Também, se o homem está progredindo rapidamente e nele existe uma fraqueza oculta, ou algum *karma* passado não exauri-

---

[55] Isto não significa que o homem deva cometer um pecado em vez de lutar contra ele. Enquanto lutar, tanto melhor, pois ele estará se fortalecendo. O caso referido é onde não há luta, o homem está ansioso por agir e lhe falta apenas a oportunidade. Nesse caso, quanto mais rapidamente surgir a oportunidade, melhor para o homem; a ansiedade reprimida irrompe, o desejo realizado traz sofrimento, o homem aprende uma lição necessária e é purgado de um veneno moral sempre crescente.

- 139 -

do, ou uma má ação que não foi expiada, esse homem não pode ser liberado enquanto esse *karma* não for esgotado, enquanto houver um débito ainda não pago. Qual é a coisa mais misericordiosa a fazer? Ajudá-lo a pagar seu débito em angústia e degradação, para que o sofrimento que se segue ao erro possa esgotar o *karma* do passado. Significa que o obstáculo que frustrava sua libertação foi afastado de seu caminho, e Deus pôs essa tentação em seu caminho para derrubar a última barreira. Não disponho de tempo para desenvolver os detalhes desta segunda linha de pensamento, mas lhes peço que o façam por si próprios, e vejam o que ela significa e como pode iluminar os obscuros problemas do crescimento, as quedas dos santos.

Quando vocês a tiverem assimilado, ao lerem então um livro como o *Mahābhārata*, compreenderão as manobras dos Deuses nos afazeres dos homens; verão os Deuses atuando na tempestade e na luz do Sol, na paz e na guerra, e saberão que tudo está bem tanto com o homem quanto com a nação, o que quer que lhes possa ocorrer; pois a mais nobre sabedoria e o mais terno amor os estão guiando à meta que lhes é destinada.

Chego agora à palavra final – uma palavra que ousarei dirigir a vocês, que me têm pacientemente ouvido discorrer sobre um tema tão difícil e obscuro. Existe uma advertência ainda mais elevada: saibam que há uma meta suprema, e os últimos passos na senda que levam até ela não mais são os passos onde o *Dharma* nos possa guiar. Consideremos as magníficas palavras do grande Instrutor, Shri Krishna, e vejamos como, em sua instrução final, Ele fala de algo mais sublime do que qualquer coisa que tenhamos ousado tocar. Aqui está sua mensagem de paz:

> Escuta novamente a Minha palavra suprema, a mais secreta de todas; és Meu amado, e de coração constante, portanto, falarei para teu benefício. Funde tua mente[56] em Mim, sê Meu devoto,

---

[56] No original, *Manas*. (N.T.)

sacrifica a Mim, prostra-te perante Mim, chegarás a Mim. Eu te dou Minha palavra de honra, és caro a Mim. Abandonando todos os deveres[57], vem a Mim sozinho para refugiar-te; não te aflijas, te libertarei de todos os pecados. (*Bhagavad-Gītā*, XVIII, 64-66)

Minhas últimas palavras são dirigidas apenas àqueles que aqui levam uma vida do supremo anelo de se sacrificar por Ele; eles merecem essas últimas palavras de paz e esperança. O objetivo do *Dharma* está então alcançado. O homem, portanto, nada mais deseja senão o Senhor. Quando a alma alcança esse estágio de evolução – onde nada pede do mundo, mas entrega-se totalmente a Deus –, quando ultrapassa todos os estímulos do desejo, quando o coração conquistou a liberdade pelo amor, quando todo o ser prostra-se aos pés do Senhor, então ela abandona todos os *Dharmas*, pois eles não mais servem; a essa alma, não mais servem a lei de crescimento nem o equilíbrio do dever nem o escrutínio da conduta. Ela se entregou ao Senhor. Nada resta em si que não seja divino. Que *Dharma* pode ainda lhe restar, pois, unida a Ele, não é mais um eu separado? Sua vida está oculta n'Ele, a vida d'Ele é a sua vida; ela pode estar no mundo, mas apenas como Seu instrumento. Pertence completamente a Ele. A sua vida é a vida de *Īshvara*, e o *Dharma* nada mais pode requisitar dela. A sua devoção a libertou, pois sua vida está oculta em Deus. Essa é a palavra do Instrutor. Esse é o último pensamento que deixo com vocês.

E agora, meus irmãos, adeus. Nosso trabalho conjunto está concluído. Após esta imperfeita apresentação de um tema tão grandioso, permitam-me dizer-lhes: ouçam o pensamento contido na mensagem, e não quem lhes fala, sua mensageira; abram seus corações à ideia, e esqueçam a imperfeição dos lábios que a

---

[57] No original, *Dharmas*. (N.T.)

transmitiu. Lembrem que, à medida que nos elevamos até Deus, devemos tentar, embora debilmente, repassar aos nossos irmãos algo dessa vida que buscamos alcançar. Portanto, esqueçam a oradora, mas lembrem do ensinamento. Esqueçam as imperfeições, que estão na mensageira, não na mensagem. Adorem a Deus cujo ensinamento estivemos estudando, e perdoem, em sua caridade, as falhas da serva que o pronunciou.

PAZ A TODOS OS SERES

Maiores informações sobre Teosofia e o Caminho Espiritual podem ser obtidas escrevendo para a **Sociedade Teosófica no Brasil** no seguinte endereço: SGAS Quadra 603, Conj. E, s/ nº, CEP 70.200-630 Brasília, DF. O telefone é (61) 3226-0662. Também podem ser feitos contatos pelo e-mail: secretaria@sociedadeteosofica.org.br
site: www.sociedadeteosofica.org.br.